渋沢栄一

徳育と実業

錬金に流されず

国書刊行会

もっとも激しく闘っていた頃の栄一44歳（1884・明治17年）

渋沢史料館提供

27歳。フランスで洋装姿となる（1867・慶応３年）渋沢史料館提供

大蔵省出仕時代

渋沢史料館提供

宮中参内の朝、王子邸玄関前にて（1929・昭和４年12月９日）

渋沢史料館提供

刊行にあたって

「近代日本資本主義の父」というのが、渋沢栄一に贈られた名誉ある称号である。また「実業の父」とも呼ばれる。いずれの称号も、その事績に照らして万人の認めるところである。

青淵《せいえん》と号した渋沢は、求められれば、気さくに揮毫《きごう》し、講演に応じ、談話を寄せた。これらの講演録や談話を百話集め「青淵百話」と題し、明治四十五年六月に同文館より出版された。小社は昭和六十一年に復刻版を刊行したが、絶版となって久しい。

本書は彼の数多い著作の中でも代表作といえる。今でもその意義を失わない新鮮な言葉と内容の深さは、現代にこそ輝く処世哲学、実業哲学に満ちている。座右の書として適しているが、千頁を超える大著であり、かつ明治期の文語体は難解である。気楽に手に取り、携帯するには適していない。これは実に惜しいことであると思い続けて星霜を経た。

この「青淵百話」を、仕事に精を注ぐビジネスマンをはじめ、起業や政治を志す方々、そして老若問わずもっと多くの方々に気楽に手に取ってもらいたいと考えた。

このたび出版にあたり、現代語に変え、多少の注記を試みて出版することとした次第である。また大冊を四つの主題に大別、それぞれ内容にふさわしい書名を付し、携帯しやすいものとした。

さらに「青淵百話」の口述の特色である渋沢栄一の「話ぶり」「語り口」の特徴や、多少難しく硬い語彙でも講演で頻繁に使用されているような言葉は、あえて現代語とせず、また残されている彼の肉声録音も参考とし、まるで「渋沢栄一の声が聴こえる」かのような印象を読者に残すことに留意した。

第一冊は、国富論と公益論を中心とした「**国富論**—実業と公益」、

第二冊は、商業・経済道徳や道理等を中心に「**徳育と実業**—錬金に流されず」、

第三冊は、若者の立志を叱咤激励する「**立志の作法**—成功失敗をいとわず」、

第四冊は、彼の驚くべき先見性を示す「**先見と行動**—時代の風を読む」である。

読者は、それぞれ興味ある冊子を気楽に手に取られ、大いなる刺激と勇気を得て、また

心新たな指針として活用されることを望むものである。

財団法人　渋沢栄一記念財団の渋沢雅英理事長よりご推薦の言葉をいただき、渋沢史料館の井上潤館長より多大なご指導を賜ったことを、ここに改めて深く感謝するものである。また企画から刊行までの労をとっていただいた関敏昌氏、清水郁郎氏、現代語訳にご協力いただいた年来の編集人仲間である近藤龍雄氏に心より感謝申し上げる。

国書刊行会編集部

渋沢栄一　**徳育と実業**　――錬金に流されず――　について

渋沢栄一は、繰り返し実業、商業、経済の道徳を説いてきた財界人であった。彼の道徳、道理の基準は儒教、論語である。その象徴的表現が「論語と算盤」であった。具体的に表現するなら「道徳経済合一説」である。

大正十二年、渋沢が八十三歳のおり、社団法人帝国発明協会が各界著名人の音声のレコード化を企画し、渋沢は気さくにこの要望に応じた。このとき論じたのが「道徳経済合一説」である。その中で、自由主義経済学の祖といわれる「国富論」のアダム・スミスに触れた。スミスがグラスゴー大学の倫理哲学教授であり、自由主義には道徳が必要であると論じていたことから、渋沢はわが意を得て「利義合一は、東西両洋に通じる不易の原理である」と高らかに論じた。

千頁を超える「青淵百話」の第一話は、本書の「天命論」から始まる。ここから彼の道徳観、人生観の根幹が語られ出すのである。

渋沢は正直に「宗教を好まない」と公言したが、だからと言って無信仰だったわけではない。彼は「孔子の天命観をもってその心とし実践」してきたと言明する。さらに「孔子の天命観が最も正しく要点を得たものである」「天命とは人生に対する絶対的な力である」とまで言う。つまりこれは渋沢の信仰の表明である。彼にとって論語はバイブルであり教義なのだ。

論語は「道理」を説く。「道理とは人が行くべき道、従うべき掟」である。そこから彼の処世主義が導かれ、揺るぎない実業哲学が確立される。それはまさに正義の実業哲学である。

渋沢栄一が、今日の行き過ぎた市場原理主義、強欲資本主義、カジノ化した金融資本主義を見たら何と言うだろう。道理に適った正しい実業、新しい産業や事業の育成に手を貸す役割の金融が、錬金術の強欲ゲームに手を貸して、その成功失敗が、ある日突然一国の経済を危機に陥れる。ある日突然、ごくまっとうに暮らしていた市民たちの生活が破壊される。そこには道理も道徳もない。正義もない。

渋沢は私利私欲の事業、利益追求を否定していない。道理、正義に適ったものならば、その事業は支持を得て持続するはずで、その私利私益は公利公益につながるのである。それが実業であり、その対語は虚業なのだ。

本書「徳育と実業」は、「青淵百話」から道理、商業道徳、正義の実業哲学を主題にして編んだものである。

編集部

目次

第二部　私の人生観

第一部　私の実業観

天命論

天とは何か

そもそも天命論というような問題に対して自分は口を開くべき資格を持っていない。「天」とか「神」とかいう哲理的な問題は、ひとかどの学者ですらその説明が困難なのに、自分のような実業界の人間で、しかも哲学などとはきわめて縁遠い者にどうして満足な解釈が与えられるだろうか。

しかし実業界に置いている身だからこそ、そんな問題はいっさい知らないというほど哲学を嫌う自分でもないつもりである。ある時、私の浅薄な学問と知識とを基礎として熟慮探求を試みたこともある。ゆえに学者ではない私の「天命論」は座興と受け取ってもらいたい。

「天」については古来中国人が論じ、かつ崇敬《すうけい》してきた事柄で、これは西洋で言えば「創造主」のようなものだろう。これといった定まった形はないけれども、一種の霊的な力がある。世に「革命」という言葉があるが、これは天の命が革《か》わるという意味である。たとえば殷湯《いんとう》、※① 周武《しゅうぶ》※②のような聖王が世に現われ、糸がからまったように乱れた社会を治め、自ら天下の人々を率いて生殺与奪の権限を一手に握るというようなもので、これが要するに天の命ずるところに従って混濁の世の中を改め正すという意味である。

そのようなわけで、革命という語にはこのような起源があると言われるが、考えてみると天は霊そのものだから、言おうとしても言うことができず、行なおうとしても行なうことができない。そこで聖王賢君《けんくん》に命じ、天に代わって言わしめ、行なわしめるのである。

【註】※①　殷湯◆中国殷王朝（紀元前十七世紀〜一〇四六年）を開いた湯王であると思われる。紀元前十一世紀頃、周王朝に滅ぼされる。

※② 周武◆中国周王朝（紀元前一〇四六年～二五六年）を開いた武王を指すと思われる。

孔子の天命観

孔子の天に対する考え方がどのようなものであったかは、論語※③や中庸※④の中に散見しているところを通じてうかがうことができる。

「天を怨《うら》みず、人を尤《とが》めず、下学して上達す、我を知る者は其《そ》れ天か」と言い、あるいは「天徳を予に生ず、桓魋《かんたい》※⑤其れを如何《いかん》せん」と言い、あるいは「天何をか言わんや、四時《しいじ》行はれ、百物《ひゃくもつ》生ず、天何をか言わんや」などと、天に関してはたくさん述べてあるが、結局天は公正無私で超大無辺の力を持つもので、人はその命ずるままに行なうべきであると観念して、孔子は自ら天命に従ったのであった。

だが、さすがの孔子でも生まれながらにして天命に従うことはできなかったと見え、「五十にして天命を知る」と告白されているところから察すると、天命に従って心に疚《やま》しいところがなくなったのは五十歳以後と見受けられる。
孔子が天命を知ったというのは、かの聖王賢君のような人々の場合とは同じではなかったけれども、人として世の中を生きていくには天の制裁があるものなので、これに従わなければならないと明らかに理解し、かつ心に落ち着いた時がすなわち天命を知った時であろうと思う。このようなわけで、それが五十歳の時で、心も行ないもその境涯に至った時であったに違いない。

【註】※③ 論語◆中国の思想家孔子（紀元前五五一年～四七九年）と高弟との言行を、孔子の死後、高弟がまとめた書物。「孟子」「大学」「中庸」とともに儒教の教書として「四書」に数えられる。
※④ 中庸◆「四書」のひとつ。中国戦国時代の儒学者であり孔子の孫である子思（紀元前四八三年頃～四〇二年頃）が「礼記」をもとにまとめたとされる。中庸の徳を詳しく説いており、「四書」の中心的な内容であると言われる。
※⑤ 桓魋◆司馬桓魋（しばかんたい）。孔子の弟子の一人である司馬牛の兄で乱暴者だったと言われる。引用文の解釈および司馬桓魋の詳細については省く。

天と神と鬼

さて、世の中には天と神を同一視する人もいるようだが、私はこの二者の間におのずから多少の違いがあるように思っている。

神は比較的人間界に近いものだが、天はより以上に偉大なもので、宇宙間において他に比べようもない大きな力であると考える。

神にもまた二通りあって、それは中国人が考えるいわゆる鬼神と、日本人が通例神と称するものとである。

鬼神について孔子は何も言わなかった。「子怪力乱心を語らず」と論語にあるのを見ても、鬼神のようなものは天と同等に語るべきものではないとしていたと想像される。中国人が鬼神と称しているのは、一種の不思議な力を指したもので、人間力のおよばないものであるのに対して、日本人が神としてとらえているのは聖賢偉傑《いけつ》の士の霊を祀《まつ》ったもので、必ずしも人の力がおよばないことを嘆くにはあたらない程度である。

中庸に「至誠息《や》むこと無きは…」とか、また「至誠神の如し」などとあるのは皆この意義であり、人間も心と行ないの如何によっては神たりえることを言っているにほかならない。かの菅原道真《みちざね》が天満宮と祀られ、楠正成が湊川神社と崇められているのは皆このような例である。

しかしながら結局、神と言い、鬼と言おうとも、これを広義に解釈すれば、天の部分的なものである。天はそれらのものを包括するほど偉大なものなのだ。

私は孔子の説に従う

しかしながら、私は神も鬼も天の一部であるとする説には同意しないほうであり、やはり孔子が天と見るものを、自分も天とすることに異論はない。たとえ何らかの形がないものでも、また数学的に理学的に、あるいは天文学的に論ずることができなくとも、人が世の中を生きていくにあたって、自分一人だけでなく、自然界において何か自分を助ける力がなければならないと思う。このような力がすなわち孔子が言う天命である。

孔子が天命を偉大なものとして見たのは、天に祈って富貴を得ようとしたのでもなく、栄達を願ったのでもなく、また病苦を取り去ろうとしたためでもなく、薄幸を除こうとしたためでもなかった。孔子が天と見たものは、そんな小さな意義のものではない。したがって一人の特定の人間に利益をもたらそうとするような、偏った不公平なことは許されない。

天は人間の行為の指導者として崇め敬うべきもので、自然界に対しても偉大な配剤の力を持ったものとされていた。「天もの言わず、四時行はれ、百物自ら生ず」とはこの間の様子、状態を伝えたもので、天とは自然の力が集合したものであることを説いている。ゆえに人の身の上や、一家の内などに幸福があるのは、すなわち天命がそうしたのであり、人として天命に背かない行為をすれば、天はそれを助けて幸福を授けるし、もしそれに反して悪行醜事《しゅうじ》を行なえば、天は直ちにそれを咎《とが》め罰して不幸を与える。

ただし天自ら手を下してそれらに賞罰を与えることはせず、人間界で自然に賞罰が科せられるようにするのである。たとえば幸福が天から授けられれば、その人は栄達し富貴を得ることになるとか、不幸を与えられる場合には落ちぶれた境涯に陥り貧しく賤しくなる。はなはだしい例としては国法に照らして刑罰を加えられることもあるが、これらの方法が道理正しく行なわれれば、これを行なった者が人であっても、天が罰したことになるのである。

ゆえに世の中に天運とか天罰などという言葉をもってそれらのことを批評し、「彼は天運を得てあれほど出世した」とか「彼は天罰が下ってああなった」などと言うのは、確かに言い得て妙であると思う。したがって天運も、天祐つまり天の助けも、天罰も、天誅つまり天に代わって裁きが下されることも、主として人の心がけ次第であり、西洋の哲人が言う、いわゆる「天は自ら助くる者を助く」の道理である。自ら天運天祐《てんゆう》を得ようと心がけることによって幸福が訪れ、それに反した行ないに出れば不幸が訪れるのは言うまでもないことである。

私は宗教を好まない

私はつねに孔子の天命観をもってその心とし、こんにち今まで心や行ないの上にこれを実践してきた。それだけでなく、孔子の説のようなものが天命観として最も正しく要点を得たものだと信じている。

このごろキリスト教の牧師が私のところへ来て、しきりにキリスト教に信仰を持つようにと勧告し、かつ新約聖書と旧約聖書を読めと言ってくる。その人が言うには、「聞くところによれば渋沢は論語をバイブルとし、一言一行孔子の教旨に則っている。かつ論語を熟読して十分に味わい、全書残らず暗記されているということである。本当にそうであれば、それはあまりに一方に偏っているではないか。キリストは東洋の孔子よりも時代こそ遅いが、教化が行なわれているのははるかに広い。現在ではほとんど世界的宗教となっている。このような広義の宗教に対して、たとえ信者にはならないまでも、根本的教義を知っておくくらいのことはあってもよいではないか。もっとも最近のバイブルは翻訳が悪いから読みにくいところもあるので、自分たちは常にその悪いところを改めて講義しているから、とにかく講義を聞いてくれ」とのことであった。

そこで私もこの頃バイブルを読み、かつその人の講義をも聞いている。

しかし、これはその人の熱心さに動かされたまでで、私は昔から宗教と名の付くものはいっさい嫌いである。キリスト教はもちろんのこと、東洋の教えである仏教でさえも好まない。聖徳太子は嫌いだが守屋大臣※⑦は好きなほうで、青年時代に漢文を読む場合でも韓退《かんたい》之《し》※⑧などの廃仏論を好んで読んだものだった。もちろんキリスト教にしろ仏教にしろその根本的教義が悪いはずはないが、これを布教する政略が気に食わない。

ことに仏徒においては、かの法然上人が「一念弥陀仏、即滅無量罪《そくめつむりょうざい》」などと唱えて愚民愚夫《ぐふ》を誘ったような例がいくらでもあるが、そもそも私はそれが嫌いである。

ゆえに宗教によって安心立命を得ようとは思わず、真の安心立命は儒教に依らなければ得られないと観念したが、青年時代からこんにちまで決してこの心は動かなかったのである。

【註】※⑦　守屋大臣◆物部守屋。飛鳥時代の有力豪族で、仏教を崇めた蘇我氏に対して強硬な排仏派であった。
※⑧　韓退之◆韓愈。中国の中唐を代表する文人。

私の精神の安住地

私は本当の安心立命、すなわち心を安らかに保ち、どんなことにも心を乱されない境地は天にあると信じている。孔子のいわゆる「罪を天に獲れば祈る所無き也」で、一度天命に背いて罪を犯せば、他に依頼することはできない身であるというのは私が常に心しているることである。けれども天を私の精神的安住地とするからと言っても、自己の不幸を天に祈って救ってもらおうとしたり、幸福を授けたまえと祈ったりするような、そんな我がまま利己的なことを天に頼むことはできない。

かの菅原道真公の歌として世に伝えられている道歌のように「心だに誠の道にかなひな

ば、祈らずとても神や守らん」という心をもって常に我が心とし、天に対してどこまでもこの心を持続しようと思うのである。私も青年時代からのことを回顧すれば、あるいは生死の巷《ちまた》に立ち、あるいは危険の場合に臨んだこともたびたびあった。そうして、現在といえども、いついかなる異変に遭遇しないとも限らない。

しかしながら、もし死生の場合に臨んでも、私は常に天がそうさせているのだと観念するので、別になんらの苦慮も不安も起こらない。昔孔子は匡人《きょうひと》※⑨に害を加えられそうになった場合に臨み「天の未だ斯文《しぶん》を喪《ほろ》ぼさざるや、匡人其れ予を如何せん」と言って、この変事を別に気にも止められなかった。天命に安心を得ようとすれば誰でもそのようにあらねばならない。

天はじつに霊妙なものである。公明なものである。正大なものである。広く社会のためを思うが、個人に禍福《かふく》つまり災いと幸福を与えようとするものではない。ゆえに社会のために自ら尽くす者に向かって、天もまた幸福を与えようとするものである。

このようにして、社会に対して自己の責務を尽くすことは我々の務めであり、これを満足に務めればそれだけ自分本来の務めを成し遂げたことになり、幸福もまたそこに来るものと考えるから、私は天に対しても、神に対しても自己に幸福が訪れるようにと祈ったことはない。ただ自己の本分を尽くす上に不足がないか否かについて自省するのである。しかも安心立命はここにある。俗に言う「あきらめ」とはこのことで、この一念に対して惑わず、飽きることなく直進するまでである。

【註】※⑨　匡人◆匡（きょう）という城市の人。孔子は、匡の人々が恨みを持つ陽虎という人物と間違えられ、弟子ともども苦しめられた。

天命に安んぜよ

天命とは人生に対する絶対的な力である。この力に反抗して物事を成し遂げようとしても、それが永久に遂げられるものではないことは、必ずしも私が説くまでもなく、すでに幾多の歴史がこれを説明している。かの「天命を知る」時において、人は初めて社会的で秩序だった活動ができるとともに、その仕事も永久的な生命のあるものとなるので、これはすなわち天祐、天運が起こるゆえんである。

そうであれば、天命を楽しんで事を成すということは処世における第一要件で、本当の意味での「あきらめ」は誰でも持たなくてはならない。そして仏教における「涅槃《ねはん》の境」よりも、キリスト教における「天国」よりも、この「天命に安んずる」という境地には何人も到達しやすいところである。ゆえに人も自分も常にこの心を心とし、意義のある生涯を送るようにしたいものである。

道理

道と理と

道理という言葉は、よく通俗的な談話中にも使われ、「そんな道理はない」とか「このような道理ではないか」などと極めて卑近な意味に応用されているが、しかし文字の上から考察すると、なかなか高尚で遠大な意義を含んでいる言葉である。

「道」という文字は四書[※①]の中にも多く見えるが、もっぱら宋朝の学者に重んじられたもので、「道は天下に充塞するものである、道に依らなければ人世一日も立つことは出来ぬものである」などと当時の人がよく口にしたものだった。

元来「道」とはすなわち道路の意味で、人間が必ず踏まなければならないものであるから、これをそのまま道徳上に応用し、その形から推論して、人の心や正しいこととして守るべき一切のことの上にこの文字を使って、人の心の行くべき経路を「道」と名づけたのだろう。

また「理」という文字も、かの閔洛派《びんらく》※②が非常に尊重したものの一つで「理天地を生ず、未だ天地あらざる前、先ず此の理あり」などと言って、天地がある以前から理はあり、人間は理から生まれたもののように言っている。

程伊川※③の「四箴《ししん》」に「理に順《したが》えば則《すなわ》ち裕、欲に従えば惟《こ》れ危し云々」の一句があるが、これなども「理」とはいかなる意味であるかを窺い知るのに十分であろう。

ようするに「理」には「筋」という解釈が適当で、日常談話に使われる「真理」などという言葉から推察しても、すべて筋立てることの意味と見て差し支えないと思う。このようにして「道」および「理」の二文字を合わせて「道理」という言葉が成立したのだろう。

【註】※① 四書◆儒教の経書「大学」「中庸」「論語」「孟子」四書の総称。南宋の儒学者・朱熹が「礼記」の中にあった「大学」「中庸」二篇と「論語」「孟子」を合わせ、儒教の草分け的人物である曾参、

子思、孔子、孟子の書物を「四書」として位置づけた。
※② 閔洛派（びんらくは）◆周茂叔、張横渠、程明道、程伊川らに代表される儒教の学派
※③ 程伊川◆中国北宋時代の儒学者・程頤（ていい 一〇三三～一一〇七）。朱子学、陽明学の草分けで、伊川先生とも称された。

道理の定義

この言葉をつづめて言えば「道理とは人間の踏み行なうべき筋目」という意味になる。だから人間はすべての行ないをこの道理に当てはめ、これに適応するか否かを判断し、決定することが非常に重要である。

それだけでなく、またそれが処世上で唯一正しい方法だろうと思う。そうであれば誰でもこの「道理」を的確に見定められる見識を持ち、それを適当に履行すれば間違いないかというと、絶対にそうだとは言い切れない。しかし、自分が「道理」にかなった方法だったと信じられる行ないにおいて、万一その結果が満足のいかないものであっても、それは

どうしようもないことだから、そんな時は天を恨まず、人を咎めず、まず自分が安心すればよいことだろう。とにかく「道理」とは人が行くべき道、従うべき掟《おきて》であることは確かに疑う余地がないのである。

道理の識別

そうであれば実際、道理の現れ方、もしくは活動はどんなものだろうか。これはなかなか面倒な問題である。たとえば事に対処し人と接する時、先方の相手が我がままを言ったり行なったりした場合、これに従うのが道理であろうか、それともこれに反抗して自分が信ずるところを押し通すことが道理であろうか。

あるいは利益のある話で説得された際、これに加わってともに事を行なってよいのか、それとも利益は失っても他人の誘いには従わないほうがよいのかと、日常身辺に寄り集まった物事に対していちいち間違いのない判断を下すことは、おそらく想像以上の困難となるだろう。しかも、これらの問題が起こることが予知できて、それに対する処置について考えを巡らすだけの時間があればよいが、事件はほとんど予測しえないところに起こるものであり、わずかな時間につまずいて倒れるような場合にもそれがあるからはなはだ困りものである。

もし君《くん》のために命を賭け、親のために身を捨てるというような人間一生にかかわる大問題において、その中で誰が見てもすぐに頷《うなず》けるほどの道理があるとする。しかも普段めったにないことならまだよいが、人間界のことは小さなことが積もって大きなこととなり、一日を積み重ねて百年となるのが社会の常で、小さなことと思ったことも後日、案外大きなことになって再現するような例は時々あるから、なかなか油断はできない。だから道理の識別を誤らないようにすることは容易ではない。そうであれば、人はこの間にある道理を、精密な観察と注意力でよく見分け、そのことの軽重公私を公平に識別し、ことの重さや尊さを考慮して誤らないようにしなくてはならない。

結果的に過ちを犯さないようにできるならば、誰でも世の中で一人立ちして物事が滞ることはなくなるだろう。それだけでなく、その人が行なうことの道理が一つひとつ要点を得たものであれば、その人は道理の権化と言えるのである。論語に「君子は食を終ふるまでに仁に違《たが》うなし」※④とあるのも、結局、君子が事に当たって払う注意には、少しの間にも油断がないことを言ったものであり、一挙手一投足も道理に外れていないことがすなわち君子の行ないである。

【註】※④　君子は食を終ふるまでに仁に違うなし◆君子無終食之間仁　造次必於是　顛沛必於是――「論語　里仁篇　第四」より。「君子は食事をするわずかな時間でも仁から離れることはない。急いでいて慌てるような時も、つまずいて倒れるような危険な時でも、仁を忘れることはないのである」の意。

誤らない識別法

さて、道理を的確に識別する方法として何を拠り所とすればよいのか。これにはさまざまな工夫があるだろうが、何よりもまず平素の心がけを良くし、広く学んで事の是非を知り、七情つまり喜・怒・哀・楽・愛・悪・欲の発動に対して一方に偏らないように努めることが一番大事だろうと思う。

とりわけ智を磨くことは最も肝要である。もし知識が不足して十分に事の是非を識別することができなければ、あるいは感情に走りあるいは意地に抑えられる恐れもあるから、それにより道理を見る目が眩《くら》ませられることになる。

はなはだしい一例を挙げれば、非常に感情が興奮した状態で、自分は真理を得ていて道理に適ったことだとして言ったこと、行なったことが、後日心が平生になったときに顧《かえりみ》ると、案外道理を踏み外し真理が得られていないと感じることなどもよくあることである。また人に対してその人が言うことが道理に適っていないと意地を張って怒ったことでも、かえって先方に道理があって自分のほうが誤っていることもある。

このように感情は、悪くするとそれで物事が曲がって見えることもないとは限らないから、感情を抑えるには智を磨く以外に方法はない。智を磨いて、森羅万象において正しい識別ができるようになれば、感情も意志もそのために曲げられるようなことはなく、道理のあるところはどこまでも道理として貫くことができる。だから「道理」を完全にすることは、現在の心理学者が言う、いわゆる「智情意」の三者が均衡を持ったときに初めて可能になるのである。

私の取る手段

智を磨くということについても注意すべき点がある。感情や意志の力を制するには智の力を借りるのがよいとはいえ、智の力が勝りすぎると、またかえってそれが妨げとなることがある。智ばかりになると何事も理論が一方的になり、複雑極まりない人生の一切を解釈しようとするから物事に角が立ち、そのために物事が滞りがちになる。とくに智はとかく悪いほうにも使われやすいもので、ともすれば邪智《じゃち》・奸智《かんち》・猾智《こうち》すなわち悪知恵になる場合もある。これらは智が勝りすぎるところから生ずる弊害と言わなければならない。だから智には、常に孔子が言う「忠恕《ちゅうじょ》」「篤敬《とっけい》」などの意味を付け加えていけば、おそらく道理の本体を補足するうえで大きな過ちはないだろう。

ようするに道理を知り道理を行なうには、やはり安心立命すなわち信仰によって心を安らかにし、心を乱されないようにすること。この心境を得ることが肝要である。

ただし安心立命と一言で言い尽くされる言葉ではあるが、その境地に至ることは容易ではない。その方法としてはキリスト教が教えるように、仏教が説くように、ないしは儒教が導くように、ふだんの行ないがきれいに整っていれば、いつかは安心立命の心境を得ることになるだろう。結果的にそうなれば心に迷いもなく、本当に道理を知ってそれを行なうに値する人になると思う。

私はこの道理を踏み誤らないために、その標準として孔子の教義に従っている。私が日常生活でいくつもの複雑な事件や問題に出遭った場合、すぐにそれが道理に適応する処置方法を考える。その際、私の心を誤らないようにするのは孔子の教えで、このことについて孔夫子はこのようにしたと教えている。この場合において孔子の態度はこのようであったと、一つひとつ孔子の教えに照合してその物事を処理し、それをまた自分でも道理であると信じている。

それが果たして道理として完全なものであるかどうかは分らないが、少なくとも自分一人だけはそれが最上最善の行ないであるとしている。そしてこれがまた道理を知る上で効果のあるものであるから、世の人々も私のこの工夫に同意されることを希望する、その標準とするものが必ずしも儒教でなければならないと言うのではない。キリスト教でも仏教でも、その人が好む教えに任せるのがよいが、道理の識別にそれらの標準を立てておくことは、おそらく誰でも同様に必要なことであろうと思う。

天の使命

私の日課

だいたい多忙という点では、私もたいていの人には劣らないだろう。ふだん朝は六時に起き、夜は十二時頃に寝ることにしているが、仕事の都合で十二時過ぎになることも珍しくない。起床後は必ずすぐにお湯に入るが、入浴すれば精神爽快になり、急に元気が出る気がする。次に庭を散歩すれば、澄んだ空気を吸って心身を養うことができて非常によいのだが、ほとんどそれができないのは残念である。

新聞にも一通り目を通さなければならない。朝ごはんも食べなければならない。とくに毎朝届く手紙は、少ない日でも必ず三、四通はあるのでそれにも返事を書かなければならないから、庭の散歩などはしたくても、ほとんどそのひまがない。そのうち二、三人は来客が見える。来れば会って語る。私の主義として時間の許す限り客と会うのを断ったことがない。病気中や気持ちが良くない場合、人に会うのが辛いと感じる時はしかたないが、病中でも客と語ることは楽である。

しかし金をせがまれるなどは際限もないことであり、また揮毫《きごう》の催促などは私が面会しなくても用が済ませられるが、その他、貴賤貧富を問わず必ず面会して、相手の意見なり希望なりを聞き、応じられることなら相談に乗って微力を尽くしている。

毎日の用事の予約は黒板に書いてあるから、約束の時間がくれば必ず外出する。通常、十一時頃には兜町の事務所に行く。事務所にもすでに客が待っている。また引き続き来る人もいるというふうで、独りで座ってゆっくりと書物を読むようなことは、月に一回あるかないかである。

このようにして少し客が絶えた時には、毎日届く数十通の手紙に返事を書くが、手紙の返事のほとんどは自分で書き、代筆させることは少ない。というのは、一言一句差し障りがあっては先方が誤解するもとになるから、たとえ忙しくとも、字句を丁寧にし、言葉遣いをきれいに書くことにつとめている。

夜は宴会、相談などのために十時過ぎまでかかることが多く、一家団欒《だんらん》で食事をともにすることは月に五、六日しかない。外の用事が済んで帰宅してからは、あるいは新聞雑誌を読んだり、あるいは人に読ませて感想を聞いたりしている。これは一通り社会の風潮を知っておかなければならないからである。

拙筆《せっぴつ》ではあるが、依頼された揮毫《きごう》が常に三、四百枚はあって、ときどき催促を受けるのだが、紙を前にすれば精神も落ち着き、愉快に感じるのであるけれど、その時間さえない。こんなふうで、毎日わずかなひまもなく追い回されている。

処世上の信念

平素、私があまりに忙しがるので、家族の者から「そんなに他人の世話ばかり焼いていないで、少しは子供のことも心配してもらいたい」などと苦情を申し込まれることもある。

私も子供のこと、家族のことを気にかけていないのではないが、もしここに二つの仕事があって、一つは自分の利益になり、もう一つは公共のことであるとすれば、まず公共のことのほうから処置したくなるのが私の性質である。

それも強いて自分を曲げて、自分の利益を捨てて世の中のためを考えようとするのではなく、性質上そうしなければ気がすまないし、またそのようにするのがこの世に生まれてきた自分の務めであると信じている。

しかしながら、この中にも緩急軽重《けいちょう》を考慮するのはもちろんのこと、いかに公共のためとはいえ、さらに緊急な、さらに重大な問題が起これば、これを後にしてあれを先にするということもある。このように区別はつけているが、とかく公共の仕事には身が入りやすく、そのためにとくに普段、多忙になっているのである。


元来、人がこの世に生まれてきた以上は、自分のためだけでなく必ず何か世のためになることをするのが義務であると私は信じる。すなわち人は生まれるとともに天の使命を受けている。世に生まれ出たのは、直接には父母からの恵みだが、その源には創造主というものがあって、何かを行なわせようという使命を与えて、自分をこの世に現せたのだから、この使命をやり遂げることは人間の責務である。

才能のある者はあるだけ、また少ない者は少ないだけの才能を活かして、それぞれ力を尽くすのが人としてこの世に対する義務であると私は信じている。したがって世の中を生きる方針としても、ここに標準を置いている。

これは必ずしも論語から得たものでもなければ、また仏教や神道に学んだわけでもない。ましてキリスト教によるはずもないので、ただ私の性質上、自然にこのように信じるのであると言うほかない。もっとも論語には天の使命に関することが説いてあり、それは「天命論」の中で論じたとおりだが、孔子は「怪力乱神を語らず」と言って、仏教のように三世を説かないけれども、論語一編を通して読むと、孔子も自分以外に己をまとめているものがあることを信じられたようだから、孔子自身もまたその一生を天の命ずるところに捧げられたのだろうと思う。

私はこのようにして、この世に生まれた人は誰でも天の使命を帯びていると信じているので、自分もまた社会のこと、公共のことにはできるだけの貢献をして、その使命を成し遂げようと決めている。単に実業家として自分だけの利益を図り繁栄を期待するなら、ほかに富を築く方法があるかもしれないが、しかし豪華な御殿で貴重な木材を薪にして玉を食とするようなことはこの世での私の希望ではない。また死んでいく自分が巨大な富を築き、それを子孫に遺すということが目的でもない。平生、私が公共のことを心がけて一般の実業家とやや行き方が違っているのも、ようするにこの信念からきたことだろうと思う。

自分の力行で自分を養え

私は、非常に大きな財産を子孫に遺すことを人間の目的にするのは間違いだろうと思う。人間は努力を重ねれば、必ずその報酬が得られるものである。あえて巨億の財産を遺さなくても、その子孫には相当の学問を授け、その知能を啓発しておきさえすれば、十分に自らを養って世に出るだけの力があるはずである。必ずしも遺産をその子孫に与えることが悪いとは言わないが、自分の使命をいい加減にしてまでも遺産を作る必要はないだろうと思う。

このように言う私は裸一貫から現在に至ったのである。私の血洗島《ちあらいじま》※①実家は地方の資産家中に数えられており、また私が家にいた頃は多少資産を増やしもしたが、江戸に出てからあとは一文の補助も実家に求めたことはなく、こんにちまで自分の努力で自分を養ってきた。それだけでなく、こんにちの生活は、自分には分を超えたものと思って喜んでいるくらいである。

しかし、これは自分一人ではなく、世間にはこのような人がたくさんいるだろう。働きさえすれば誰でも相当の生活を送ることができるもので、親の財産を当てにしたり、または他人の後押しを頼んだりするには及ばない。こうして国民のすべてがこの心になれば、国家が本当に豊かになることは言うまでもなく、国民もますます幸福になるだろう。

もし我が家を大切だと思うならば、それを保護し安全にする国家はさらに大切ではないか。我が家に対する努力の一部分を割いても、国家や公共のために尽くすのは、人であれば当然の義務である。いたずらに自分の利益だけを図り、子孫に財産を遺そうとするようなことは、あるいはかえってその子孫に害を与える愚策となりはしないか。学問と精神と健康さえあれば、人は努力して自らを養っていく力があるものである。財産を貯めて子孫に依頼心を増徴させる必要は決してないと思う。

しかし、このように論じたからといって、家に儋石《たんせき》の※②備えがなくともよいという極端な話をしているのではない。身分に応じた家に住み、一通りの家財道具もなければならないので、これは「衣食住」の項目に論じたように、品位を保つだけのことはしなければならないが、ただ私利ばかりに惑わされて社会や公共のことを度外視したくないというだけである。このような点になると、カーネギー氏は偉大な人物であると思う。私は彼の著書を読んで、さすがに彼の大きさを感じたが、これは別に述べることにしよう。

【註】※①　血洗島◆渋沢栄一の生家があった武蔵国榛沢郡血洗島村。現在、埼玉県深谷市血洗島。
※②　米穀のわずかなこと。

国家のためには、あえて何でもする

朝鮮における前記の第一銀行支店とは三十年あまりもの長い関係があり、韓国政府のために尽くしたことも少なからずあり、このために私をはじめ行員が奮闘努力したこともかなり大きかった。ところが明治四十一年に故伊藤博文公爵から韓国銀行を設立して中央銀行とし、それまでの第一銀行の事務をここに引き継ぎたいという相談があった。私は長年韓国と深い縁がある第一銀行のためにこのことを好まなかったが、公爵から国家のために聞き入れてくれとという依頼があったので、国家のためとあればやむをえないことだと快く引き継ぎを承諾した。

承諾はしたものの、ある面で韓国銀行の利便を図るとともに、また第一銀行株主の利益も考えなければならない。私は両者の間にはさまれてじつに人知れない苦心をしたのだったが、うまく両者の利害を調整し、両者の関係を円満にし、一言も物議をかもさず、一つも食い違いが生じることなく、極めて平和に解決したことを報告した。こうして第一銀行のあとを引き継ぐ韓国銀行の役員も多くは第一銀行からの人々で、私とはこれまで深い関係がある者ばかりである。これらのことこそまさに、その昔中国で尭や舜といった君主が世襲によらず、徳のある者に国の統治を任せた事例にも劣らないと言ってよいだろうと思う。

また、その前年、京釜《けいふ》鉄道会社を発起したとき、政府高官の中には鉄道敷設《ふせつ》はできないとしてさかんに反対する者もあり、一方ではまた国家のために鉄道を敷設しなければならないと賛成する者もあって、官界で対立していた二大系統がおのおの見解を異にする国家的な考えから、互いに異なる意見で私を動かそうとした。一方の勧誘が強ければ、他方はこれに反対して仕事の進行を妨げようとする。この間に立って両者の面目も立て、私自身の立場も失わないようにするのは容易でなく、かなり苦心した。そのとき私は非常に当惑したが、これも国家のためだと思い、いろいろと苦心した結果、鉄道敷設を決定したのだった。

これらは国家のために犠牲になる決意で推進した一例にすぎないが、私はことごとにこれだけの覚悟、これだけの意志は必ず持っていて、国家のためにはあえて何事でも行なう心である。事に当たって一度こうと決定するまでには深思熟慮を巡らし研究考察もするが、決定した以上は決して心を迷わすことはない。一旦決めれば必ず邁進して休むことなく、それによってたとえ失敗することがあっても、これは天命であるとあきらめる。

力を尽くしてもどうにもならないものであれば、もはや後悔しても泣いてもしかたがないではないか。しかしながら、私は自ら天の使命を受けているという信念を抱いているから、いかなる困難と闘ってもあえて苦痛だとは思わない。すなわち国家や公共のために尽くすのは自分の使命であると信じているので、自分の利益を犠牲にすることがあっても、あえて不快と感じないのである。

行動において天地に恥じない

私は前述のような精神で世の中を生きているのだが、私の意志が時として誤解されたり、十分に徹底しなかったりしたために、かえって世間の人々から情けない想像をされることもないわけではない。自分が誠心誠意、まさに国家のため、事業のためと信じて行なったことでも、事情が通じないためか、あるいは故意に曲解《きょっかい》されてか、意外な非難を受けることもある。しかし、もちろんそんなことを気にかける必要はない。

私は、依頼心はもっともよくないと思い、人に特別な配慮を請うことが大嫌いである。私には官界に知人がおり、権勢をふるう人とも仲良くしているが、かつて官界にへつらったこともなければ、自分の意志を曲げて権力に従ったこともない。渋沢は愚かではあっても、微力でも、何でも自ら行なおうとすることは自分で行ない、一度も権勢に頼ったこともなく、政府に対しても常に同じ態度を持ち続けてきた。

ところが、私がふだん官界の人や、いわゆる権勢家と仲良くしているのを見て、世間の人々はすぐに特別な解釈を行ない、渋沢は官界と結託して権勢家に配慮願っていると曲解する者がないでもない。これらの非難に対して、やましいことはないだけに、むしろそれらの人を気の毒に思い、もう少し深く観察してくれれば、渋沢がそんな人間であるかどうかくらいはわかるだろうに、と思うこともある。

けれども、幸いにして近頃は、これらの誤解や曲解に遭ってもふだんの気持ちを動かされなくなるようになった。こう言えば少し言いすぎになるかもしれないが、自分の行動は天を仰いで恥じることはなく、地に伏しても恥じることがないつもりなので、たとえ人から何と言われようと、ため息をつくこともなく、人を咎《とが》めることもせず、天を恨むこともなくなった。この境地がいわゆる孔子の「終身の憂あるも一身の怒なし」というものであろうか。このようにして、私は天の使命をまっとうしたいものだと希望しているのである。

私の処世主義

富を築くことについて

私は実業家として一家を構えながら、大金持ちになるのは悪いというのが持論である。これは一見矛盾した話のようではあるが、平素「淡白」を主義として世の中を生きていきたいと考えているので、富を築くことについてもやはり淡白を中心に考えているからである。

しかし一般社会の人情としては、誰でも低いよりは高い金額を望み、他人よりも余分に蓄積したい、大富豪になりたいと苦心するのが普通だが、よく考えてみるとこれには際限がない。どこまで行ったら落着するのだろうか。仮に財産をまったく持たない者は十万円を蓄積したいと望み、十万円を持つ者は百万円を欲しがり、百万長者は千万、一億と、望んでも望んでも無限大であり、いつまでたっても果てがない。

これをある面から考えて、もし一国の財産をすべて一人の所有にしたら、どんな結果になるのだろう。これはやがて国家最大の不祥事になるのではないか。このように極まりない欲望に向かって虎や狼のように貪婪《どんらん》な欲をむき出しにするような人々が続出するよりも、働きのある人々を多く輩出して国家の利益を計るほうが万全の策だろうと思う。

だから私は実業家でありながら大金持ちになることを好まない。したがって大富豪という者がその国の財産を一手に独占しようとすることを嫌うのである。嫌うからこそ自ら大富豪になりたいとも思わなければ、また大富豪になるのがよいと人に勧めたりもしないのである。富に対して私はこれまで、本当にこのような淡白な考えを持ってきたのだった。

軽快な活動

一例を挙げれば、三菱、三井などは日本の大富豪であるが、これをアメリカのカーネギーやロックフェラーなどと比較すれば、それほど大きな存在ではなく、ただ日本の貧乏人に比べてみれば富豪であるというくらいである。

そんな状態で、いくら金を貯めて富豪になったからといって、世界の財産を自分一人で所持するわけにもいかないし、また一人が富を得ても、それが社会万人の利益となるわけでもないし、結局、誠に意義のないものになってしまう。それほど意義のないことに貴重な人間の一生を捧げるというのは馬鹿馬鹿しいことで、人間として生まれた以上はもう少し有意義に人生を過ごすのが本来の姿である。

では、意味のある仕事とは何だろうか。私はこの問題に対して次のように考えるのである。富を築くというような無限大のこと、しかも割合価値のないことに向かって一生を葬ってしまうよりは、実業家として立とうとするならば、自分の学習知識を利用して、相応に愉快に働いて一生を過ごせば、そのほうがはるかに価値のある生涯である。ようするに私は、金をたくさんは持たないほうがよい、愉快に働けという主義なのだ。

私はこれまで、自分を守る手段としてこの主義で世の中を生きてきた。そういう理由で事業に対しても自分一人の経営による利殖法を避け、それに代わる多くの人の合資協力で成り立つ株式会社、合資会社などを起こして、利益は独り占めにせずに多くの人々とともに等しくその恩恵に預かることができるようにしてきたのである。すなわち自分の知恵を応用して、淡白に活動してきたと言っていいだろう。

私に大資産がない理由

以上のような理由で、私は人が世の中を生きるにあたって大資産は不要だと決めている。もっとも社会に大資産がなければできない仕事が多いが、それは必ずしも一個人に大資産がなければならないということではない。自分には大資産がなくとも、相応の知恵と愉快な働きができるだけの資産があれば、それを武器として他人の財産を運用し、これによって国家社会の利益となる仕事がいくらでもある。

今にして思えば、私がもし過去の年月を一途に利殖一方で儲けることに費やしてきたとすれば、おそらく今よりもいくらか金持ちになっていたかもしれないが、前にも述べたように、そんな意義のないことに私は甘んじることができなかった。従来、自分の事業に対する考えは、自分の利益を第二に置いて、まず国家社会の利益を考えてやっていた。だから金は貯まらなかったが、普通の事業家と称される人たちよりは、比較的に、国家社会のためになった点が多かっただろうと自ら信じている。

この点から言えば、私の主義は利己主義でなく公益主義ということができるだろう。そう言えばいかにも自慢、高慢なことをいうようだが、本当に自らそのように信じていることを遠慮なく述べたまでである。

富豪の子息について

再三繰り返すが、ようするに私は蓄財するについても、世に立ち人と交わる上でも、また子孫への計画を立てる場合にも、すべて道理が示すところに従って愉快に働くということが一貫した私の主義である。

前もって言っておきたいのは、富豪の家に生まれた子供の心がけである。富豪の子として生まれた者の多くが、親が残した財産を富にして、自分は働かなくても高い地位について、ぜいたくな生活をし、繁栄していればよいと考えるのは大きな誤解である。その親がいかに大資産を所有しているにせよ、自分はどこまでも自分であるという考えを持ち、自分だけの知恵を磨き、社会に立つことができるように心がけなければならない。

しかし子供がそういう心がけをしたからといっても、その親としては、家からは一文も出さないからどうにでもして食っていけとは言えない。第一に親の義務として学問をさせてやり、社会に立って恥ずかしくない行動が取れるまでにしてやらなければならない。また相当な地位で支えて、適度に困らない生活を送れるほどの財産も与えてやらなければならないだろう。これは親の情というものであろうと思う。

これだけしてもらえば、その子ももはや親の財産などに目をくれている必要はない。どれだけでも自分の力次第で活動ができる。もしそういう子が富豪の家に生まれたとすれば、これは本当に私の主義に合った理想的な人物である。

成功の真の意義

話は分かれ道に入った。近頃、世間で「成功」という言葉が持てはやされ、金持ちになるのが処世の最大の目的であるように説く人もいる。すなわち手段や方法は何でもよい、金を貯めて成功しなければならない、と。とにかく是が非でもやっつければ、男として世の中を生きていく甲斐がないといったような傾向がある。

いかにも成功はよい事柄であるに違いないが、こんな調子で進めば、うっかりすると世の人々の識見を惑わし、方針を誤らせるような嫌いがありはしないだろうか。現在の社会で解釈されている成功の意味は、ただ自分の資産を大きく増やすというだけのことで、その手段が合理的であったか、その筋道が正当であったか、そんなことなどには一切お構いなしというふうである。

したがって、正直に懸命に商売をして一千万円儲けた人も成功であるし、賭博のようなことをして一千万円儲けた者も同じ成功であるとして両者を同様に持てはやすが、私は成功の解釈をこんなふうにするのは大いに反対である。

真の成功とはそんなことではあるまい。道理に合っているという立場から、国家社会に利益のある仕事をして一千万円の利益を得たというなら、これは誠に天地に恥じることがない、つまりやましいところがない行ないであり、私はこのようなことを真の成功と名づけるのである。

私はむしろ失敗者に味方する

淡白なことは本当に私の処世で唯一の主義である。淡白を主義として道理を踏んでいれば、失敗しても悔いることはない。第一、不条理なことをして成功しても、それが真の成功でないことを思えば、そんな形ばかりの成功に対しては良心が満足していられない。正義の人道を踏んで失敗したならば、私はむしろ失敗により安心を得るつもりである。

成功不成功は必ずしも人間の行為の標準ではなく、人間として一時も忘れることができないのは逆に行為の善悪にある。だから人道を踏み外して成功の地位に到達しても、それは極めて価値が小さいものであり、人間の仲間と同列に並べることすら恥であるくらいのことである。

この理由により、私は過去一切の筋道を、自分の成功不成功ということよりも、道理に外れない行為をするという点に置いてかかった。孔子の道を私の行為の標準として、事業を行なううえでも、また私生活においても、一歩もその道から踏み外さないよう心してきたのだった。

しいて私の処世上の主義はどんなものかと言えば、誠に以上のような簡単なことを告白する以外にないのである。

日本の商業道徳

維新以前の商工界

現在、日本の商業道徳がどのような状況にあるかを論じるには、まず日本の商業がどのような状態からこんにちの発達をなしえたかということから説くのが順序だろうと思う。もともと日本の商工業というものは、商工業者がおのおのその事業に励んでこのように発達したのであると自惚《うぬぼ》れるかもしれない。中には営業者の努力も加わっているには違いないが、ほかにも多くの要因があるのである。

維新当時の商業を顧ても、現在のような考え方はなかったし、現在のように才能を持った人は一人もいなかったと言ってよい。商売上の組織として問屋という名目はあっても、本当の問屋ではない。第一、国家の租税の主なものは米だった。蝋《ろう》、砂糖、藍《あい》、塩などという品物も徴収し、幕府や諸藩がその品物を自藩の船で江戸、大阪に運んで金と換えた。

では、その海運はどうしていたかというと、ほとんどは政治の力でやっていたのである。幕府が海運に力を注いだのは元禄から享保の時代にかけて、例の新井白石が河村瑞軒《ずいけん》を動かして奥羽の海運を東航路によるものにしたことからも明らかである。それ以前は西海岸の通行だけであり、東海岸は船が通らないと思われていた。

さて、幕府および諸藩が収納した米その他の租税物品はどのようにして売りさばかれたのかというと、幕府や諸藩が江戸や大阪などの都会にこれを運搬し、その取り扱いを蔵宿《くらやど》という商人に命じ、入札にかけて商売人に売り渡すようにさせたのである。このようにして、これを買い受けた者が小売商人に分配した。もっともそういう方法ばかりではなく、このほかに自身で米を買って売った者、砂糖を売買した者もあるだろうが、重なる商品の販路は多くは前述のような方法によるものだった。

だから販売の原動力は政治にあったようなもので、細かな売買だけが民間で行なわれたので、民間の商業と言えば皆小売商人で、工業と言っても手内職であり、すなわち日本の商工業というものは小売商人と手内職の範囲を出ることはなかったのである。

幕府との間の役割として蔵宿とか御用達《ごようたし》などがあったが、それらは数代続く家柄で、主人は奥の座敷で一中節《いっちゅうぶし》※①もやっていればよいという身分である。店は番頭が一手に引き受けて生計を立て、藩のお屋敷に出入りし、盆暮れには付け届けを行ない、その役人を接待して江戸の吉原でご馳走し、新町に案内するなどといったことを巧みにこなしていれば、それで業務は十分に行なえたのである。

【註】※① 一中節（いっちゅうぶし）◆京都の都大夫一中が創始した浄瑠璃節の一種。元禄から宝永にかけて上方で流行した。

卑下された商工業者

そういう有様だったから、一般の商工業者はじつに卑下されたもので、ほとんど地位や教養のある人と同様の扱いはされなかった。明治維新後も官尊民卑《かんそんみんぴ》の悪習が残っていて、当初、商工業を盛んにしようと先見のある政治化がヨーロッパを真似て会社を起こすのに、その頭取を政府から命じたものである。

最近、松尾臣善《しげよし》氏※②と会って昔話をしたことがあった。明治の初めに大蔵省に通商司という役所があって、氏がそこの役人をしていたときの懐旧談《かいきゅうだん》がある。本郷の追分に高長という酒屋があったが、その主人が回送会社の頭取を仰せ付けられてありがたく思っていた。その時、松尾氏が高長に「君は仰せ付けられたと言うけれども、回送事業に損が立てば、その損を担わなければならないぞ」と言うと、その主人は「こうして御用を仰せ付けられていれば、そういうことはないはずです。その証拠に御書付《おかきつけ》※③をいただいているじゃありませんか」と言って弁解したということである。

その頃、高長が最も才能のある人ということではなかったが、回送会社の頭取を仰《おお》せ付けられて得意だったというのは、今考えてみればじつに馬鹿馬鹿しい話である。また仰せ付ける政府のやり方も道理にかなわないではないか。だから仰せ付けられた者は皆、事業に失敗した。為替会社、商社、回送会社など一つとして現在まで続いているものはない。

しかし、この事実を通してみれば、いかに商売と政治とを混同していたかがわかるだろう。それから少したって、明治六年に第一銀行ができたのだったが、明治二、三年頃のいわゆるお上から仰せ付けられた時代とはだいぶ年月がたったものである。あるいは、このように言う渋沢なども、やはり仰せ付けられた仲間と見なされていたのかもしれない。

その頃、商人と役人との社会的階級の違いは相当なもので、役人と商人とはたいてい同席して談話することはなかった。極言すれば、ほとんど人間同士の交際はなかったのである。江戸ではそうまでではなかったかもしれないが、私の郷里などでは差別がはなはだしかった。とくに小さな藩主の代官などは非常に威張り散らし、通行の際には百姓や町人は土下座《どげざ》をさせられた。そのくらいだったから、江戸でも身分の高い武家が商人を待遇する時にはもちろん席を別にして「どうだな、機嫌はよいかな、家柄は無事か…それはめでたい、市中の景気はよいか」といったような有様だった。

いくらその頃の商売人と言ってもそれほど馬鹿ではなかったが、あごで人を使う武家も、それに頭を下げる町人も、悪く言えば互いに欺き合っていただのだ。しかし町人が武家に向かって弁論するとか、意見を戦わすとかいうことは少しもできたものではなく、もし武家から無理なことを言いつけられても、「でもございましょうが、いずれよくよく考えて申し上げます」といった程度のあいさつをして、同意できないことに対してはその場を済ませたものである。本当に、町人の武家に対する態度は非常に卑屈だった。そうであれば、高長が頭取を仰せ付けられたことをありがたく思ったことも、この一例で理解できるだろう。

【註】※② 松尾臣善（まつおしげよし）◆大蔵官僚（一八四三～一九一六）。大阪府の国庫事務取扱、大阪府外国局会計課長などを経て大蔵省に入り、出納局長、主計局長、理財局長等を歴任。明治三十六年、第六代日本銀行総裁となる。

※③ 御書付◆幕府や大名家から商人などに向けて、命令や申し渡しを書いた公文書。

実業界開拓の使命

とにかく江戸時代の商工業の世界はそういう姿であり、商工業者の力は微々たるもので、活動の範囲も狭く、社会的な地位も低かったので、外国の実業家などに比べればとても及ばないものだった。このような有様では実業が発達し、国家が富むという理屈がないので、どうしても実業家の品格を高め、知識を蓄積し、力を大きくしなければ国家を豊かに強くすることはできない。

政府の御書付をいただいてありがたがる時代ではなく、そんなやり方ではとうてい実業界の発展は成し遂げられないと私は深く感じた。だから是非、商工業者の地位を高め品格を上げることを実現したいものだと、あたかも神仏に誓うのと同じような覚悟で、未熟ながら我が身を犠牲にして取りかかったのである。こう言うと何だか自分だけが商売人の元《がん》祖本元《そほんもと》であるかのようで、非常に高慢に聞こえるだろうが、しかし明治六年に大蔵省を辞めて第一銀行に入るときの決意は、まったくそのつもりだったのだ。

商工業を盛大にしていかなければいけないということについては、その頃も私以上に深く考えた政治家や学者などが大勢いただろうが、しかしそういう人々は自分から商売人になりはしない。また、なれもしなかった。当時のことを回想してみると、商工業者が多少の努力をして少し発展したところで、政治界の名誉と商工界の名誉とは同じものではないという状況だった。私が銀行業者になった時も、大勢の友人は「渋沢も、あんな馬鹿な真似をしなくてもよかろうに」と悪口を言ったほどである。

しかし、そういう時代だから、なおさらこれは必要で急務なことであると観念し、同時に私は一度ここに身を置いた以上、実業界の開拓は私の天命であるから、終生この仕事を変わらぬ姿勢で経営していこうと覚悟した。それから四十年間、私は銀行業者であったが、あらゆる方面に世話を焼き、製紙業、保険業、鉄道業、海運業、あるいは紡績業に織物業に、あるいは煉瓦《れんが》製造、瓦斯《がす》製造というように、その会社の設立や経営を助け、またある部分は自分も役職を担ってきた。

こうして各種の事業にかかわってきたことも、こんにちから見れば必ずしも褒められたことではないだろうが、その頃の自分の考えとしては、そうやって取り組まなければならない理由があったのだと思った。たとえば日本の商工業は新たに開けた町のようなもので、そこで店を始めるには一店で呉服屋、紙屋、タバコ屋、荒物屋、など何でも兼業にする、いわゆる「よろず屋」でなければならないように、商工界の開拓者であると使命を帯びたつもりの私は、また各種の商工業に向かって手を下さなければならなかった。

それゆえに何でも各種の商工業を早く推し進めたいという一念から、必要と思われる事業は片っぱしから起業していったわけである。これは、こんにちの一人一役となりかけた時代から見れば非常に欲が深く気が多いように思われるだろうが、時勢の成り行きでしかなかったのである。

年月が過ぎ去ること、物事が変化するのはじつに早いもので、前述した仰せ付けられた時代は昔話となって、現在はすべての物事が進化して、これを海外と比較すると力はまだ弱いものだが、それほど笑われないようになったのは、一般に知識が進歩してきたことと、さまざまな活動が早く活発になったことの結果であり、じつに喜ばしいことである。

商工業道徳必要論

しかし、よく考えてみなければならないのは、わずか四十年ほどの歴史の商工業者であり、しかも政治の力によって誘導的に進んできたものだから根の張り方が悪いことである。樹木にたとえて言えば、鉢植えのきらいがある。ともすると政府にすがることになる。人に頼ろうとする考えがないとは言えないと思うが、これこそが現在の実業界の病根だと考える。

さらにもう一つ、心配事がある。一般の商工業者はまず富を築くために各種の物質的な進歩を図り、おのおのそれらによる増収に努める。商工業により利益増に努めることは当然のことだが、正しい原理を考え、厳しい心構えで取り組むことは少ない。依頼心が強く自立の気性に乏しいのは、堅固な基盤を持っていないからだと言わなければならない。商工業者が一般にそういった病根を持っているというのは、私の偏見ではないと思う。そうであれば実業家は各自この病根を取り除く覚悟を持たなければならないが、この覚悟を強くするにはどんな手段によるべきだろうか。私は、商業道徳の進歩を図ることであると断言したい。

では、商業道徳とはどんなものだろうか。以下、この問題について少し述べてみたいと思うが、まず私が不快に思うのは、商業道徳という呼び方である。

道徳というのは、人間であれば誰でも守らなければならない道理である。しかし商業にだけ商業道徳と名前を付けるのはどういう理由だろうか。商業について道徳を言うのであれば、政治道徳、学者道徳という言葉もあってよいはずだ。

道徳には商人に必要なものと、政治家や学者に必要なものというような区別はなく、誰にも必要であり、不要な者はこの世の中に一人もいないわけである。あらゆる階級の人、あらゆる種類の人に、同じ道徳が同じ程度に必要なのに、とくに商業に限って道徳というのがわからない。

武士には武士道という特殊な道徳があるが、あれは商業道徳とは熟語の意味が違う。であるのに、なぜ商人にだけとくに道徳が必要であると見なされたのか。残念なことに、これは商工業者が悪かったからである。旧来の商人は、この特別な言い方をしなければならないほど、非常に道徳が劣っていたのだった。このように考えると、現在の商工業者はみずから省みて、一層努力しなければならない。

商工業は不道理に走りやすい

本来、商工業は利殖、つまり利益や利息を増やすための生産を目的としているので、理論を研究するような仕事に比べて、ともすると不道理に走りやすい性質を持っている。これは業種そのものが持っている一つの病気と言ってよいだろうか。

たとえばアリストールという教育家は「すべての商業は罪悪なり」と言っているが、これは悪い側面だけを見てこのように誤解したのだろう。またシェークスピア※④が書いた「ベニスの商人」という劇にもシャイロックという強欲で非道な銀行家が、もし貸した金を返さなければ、代わりに肉を切ると言っている。また中国の言葉にも「仁なれば富まず、富めば仁ならず」とあり、これらはアリストールの言葉と一致している。

おそらく、利殖には常に利益がよけいに出ればよいという考えが先立つので、おのずと道徳に反しやすいのだろう。しかし、富んだ人には仁者がおらず、貧乏な人には賢者が多いというのは少しわからない話である。これについては私がかつて二十章「実業界から見た孔子」、二十一章「龍門社訓言《りゅうもんしゃくんげん》」などで詳細に述べたように、道徳が学者によって誤り伝えられた結果であり、そのために現在も商工業者がとくに道徳を問われることになったのである。

社会一般に、学問をすれば商売には疎《うと》くなる、商売人は仁義道徳の心があっては駄目だという考えを持つようになり、ついに学問と実務とをまったく引き離してしまった。この考えが大きな病根となって、維新以前の商人の考えでは、商売人は一番身分が低い者であればよい、漢字の本などを読んでは家をつぶす元だというふうに思い込み、商人にはなるべく教育を受けさせないようにしてしまった。だから、その頃の商人は自然と社会に対する体面を保つこともできず、人をもてなすにも道理や人としての道などを気にする必要がないくらいになってしまった。そして商工業界では、この考えが現在に至るまで続いているのだと思う。

維新以後、商工業における物質的進歩があまり急速だったため、それとともに道徳をも加えて学んでいくということは実際にできなかった。たとえば科学というものには、道徳を組み入れて教えようもなければ学びようもない。これは世の中の人々がやかましく言うように、明治の文明は物質的進歩だけで、道徳的修養が伴っていないというのは、私も同じ意見である。

とにかく現在までは物質的文明を輸入することに急いでいたので、道徳を顧《かえりみ》るひまがなかったということは、文明の過渡期だった過去においてはしかたのないことだっただろう。けれども、そのために道徳を軽視するのはよくない。そうなれば、人としての本分を離れて、空中に楼閣《ろうかく》を描くのと同じようなものではないか。

【註】※④ シェークスピア◆ウイリアム・シェークスピア（一五六四〜一六一六）。イギリスの劇作家・詩人。四代悲劇「ハムレット」「オセロ」「リア王」「マクベス」をはじめ、「ロミオとジュリエット」「ベニスの商人」「真夏の夜の夢」「ジュリアス・シーザー」など不朽の名作を多く残した。

本当の殖産には必ず道徳が伴う

商売が仁義道徳にこだわると利益を得られないというような誤解は、幸いなことに現在では少し薄らいだようだが、昔の商人はほとんど道理や徳義などは身につける必要はないとまで考え、自棄的、つまり自分を粗末にし、あるいはすてばちになり、開き直っていたのだった。その自棄の考えが現在まで継続しているきらいがある。利益に関しては道理を勘定に置かないとか、利益の前には道理は度外視しなければならないなどという一般社会の風潮は、どこまでも間違ったものである。

このような考えがそもそも商工界に道徳が浸透しない最大の原因になっているのではないか。もともと道徳というものはそういうものではない。利益を軽視した道徳は本当の道徳ではなく、また健全な富、正当な利益には必ず道徳が伴わなければならないはずである。

たとえば「大学」にはこう教えている。

「明徳を明らかにするに在り、民を親《あら》たにするに在り、至善《しぜん》に止まるに在り」これを三綱領と言い、さらに「明徳を天下に明かせんと欲する者は先ず其の国を治む。其の国を治めんと欲する者は先ず其の身を修む。其の身を修めんと欲する者は先ず其の心を正しくす云々」とあって、最後に「知を致すは物に格《いた》る在り」と結び、「格物致知《かくぶつちち》」というものがすなわち明徳すなわち立派な徳性を天下に明らかにすることの根源であると。

いにしえの格物致知は、こんにちの物質的学問である。この言葉は孔子が教えたことで、明徳を明らかにする、すなわち国を文明化しようと思えば、格物致知をしなければいけないと説いている。この例で推し測れば、生産利殖は道徳の中に十分に含めることができるもので、利殖を完全に行なうには是が非でも道徳の必要性を感じることになる。

ところがこの意味を取り違えて、富と道徳とは一緒にすべきではないもののようにしてしまったとは、何という早計であり誤解だろう。その結果、商工業者を利己主義に偏《かたよ》ったものにして「奪わずんば飽かず」で、自分だけの利益を計るのが商売人の常であると言って、ついにこれが商人の習慣となるまでにしてしまった。もし、このままにしておいたならば、商業はしまいに修羅の道、つまり、いつまでも争いが絶えることがない状態に成り果てるだろう。

商業道徳の実行

だから私は思う。だいたい商業道徳というものは、事業を完全に拡張し、道理の正しい富をますます増やしていくことに伴うものである。この意味からすれば、道徳は事業とともにどこまでも向上していくものでなければならない。誤って自分の利益だけを得ようとするなら、すぐに約束に反し、嘘を言い、道理を外すようなことにならないとも限らない。だから、ことさら商業道徳について言わなくても、営業上の行ないがすべて道理正しく誠実に処理されるならば、それがすなわち本当の道徳となるのである。このくらいのことは現在では誰でも常識的な判断で理解できるので、あえて孔子の教えを例に引くまでもない。

現在商工業に従事する者がみな本当のことを言い、正しいことを行ない、しかも国家的な考えを基礎として、国家を愛する気持ちで自分の身を愛することが国家に尽くすことであるという考えを持って仕事に励むならば、それこそが商業道徳を実行することになる。

どうすればそのような領域に達することができるだろうか。それは政治家が政治に力を尽くすことも、軍人が戦場に命を捨てることも、また商工業者が営利的な業務を行なうことも、それらの働きにおいて方法はみな同じだと言ってよいだろう。

欧米諸国、とくにイギリスの習慣をみると、「嘘をつかないのが商人の資本」としてあり、また「信用は資本なり」とも言って商売上、道徳を重んじることを教えている。これが一つの習慣となり、商売上偽ったり欺いたりすることをきつく戒《いまし》めて、商人は信用によって利益を得ていくことを定めている。この例で考えれば、正当な利益、正当な富は必ず道徳と一致するものである。

そして社会に利益を与え、国家を裕福に強くするのは、すべて個人的にも利益をもたらすことになり、また個人的に利益を得ようとするにあたって、必ずしも人を欺いたり、人に偽ったりしなければならないという理由は少しもない。道徳とぶつからず、仁義に反することなく、しかも公益を害することのない範囲で富を得る工夫はいくらでもあるだろう。人を押し倒して自分一人が小さな利益を得るより、他人と協力して、かえって大きな利益を得ることを忘れてはならない。

商業道徳の向上

世の中の人々は、ともすると維新前後の商業道徳は文化の進歩に伴わないで、かえって衰えたと言う。しかし私は、なぜ道徳が退歩もしくは退廃したのか、その理由を知るのに苦しむのである。昔の商工業者と現在の商工業者とで、どちらが道徳の考えが豊かで、どちらが信用を重んじるだろうか。私は、現在のほうが昔と比べてはるかに上であると断言してはばからない。けれども現在、ほかの物事が進歩したわりに道徳が進歩していないことは前述したとおりだから、私は必ずしも世の人々の説に反対するわけではない。

ただ私がこの問題を考えるのは、このような世評が生じた理由を明らかにして、一日も早く道徳を物質的な文明と同程度にまで向上させなければならないからである。それには、前述したような方法によって道徳を講じることが先決問題だろう。しかし、それも特別の工夫や方法を要するわけではなく、ただ日常の経営においてそのように心がけていればよいのだから、商業道徳と言ってもそう難しいものではない。

維新以来、物質的な文明が急激に発達したのに対して、道徳の進歩がそれに伴わなかったので、世の人々はこの不釣合いの現象に非常に注目して商業道徳の退歩であると言う。そうであれば、仁義道徳の修養に心を注いで物質的進歩と同じ地位に進ませるのが、さしあたって急務であるに違いない。

しかし、ある面から考察すれば、単に外国の風習ばかりを見てすぐにこれを我が国に応用しようとすれば、あるいは不可能ということもある。国が異なれば道義の考え方もおのずと異なるものであるから、細かくその社会の組織や風習を参考にして、祖先以来の素養や慣習を考え、その国その社会に適応する道義の考えを発展させていくように努めなければならない。

一例をあげれば「父召せば諾《だく》なし、君命じて召せば駕《が》を待たずして行く」というのは、日本人の主君や父親に対する道徳観念である。父がお呼びになれば、その声に応じて行き、主君が命じてお呼びになれば、自分の状況にかかわらず直ちに赴くということは、古来日本では、地位や教養のある者の間で自然に養われた一種の習慣である。ところが、これを個人本位の西洋主義と比較すると、その違いは大きく、西洋人が最も尊重する個人どうしの約束も、主君や父から命令があった場合はあえて守らずに顧なくてもよいということになる。

日本人は忠君愛国の思いに富んだ国民であると褒め称えられる一方、個人どうしの約束を尊重しないと悪口を言われるのも、要するに我が国固有の習慣性がそうさせたのであり、日本と西洋では人と人との間で尊重すべき行動の基準に差がある。しかし、そのような行動をとる理由を明らかにせず、ただ表面的な観察だけで、一概に日本人の契約に対する考え方が確実でない、商業道徳が劣っていると非難するのは、あまりに無理があるというほかない。

このように論じたとしても、もちろん私は現在の商業道徳に満足してはいない。とにかく近頃の商工業者の間には道徳観念が薄いとか、自分本位なことが多いなどという評価が加えられる事柄については、当該する業者が互いに警戒しなければならないことではないだろうか。現在の実業界は裕福になり地位も高まったが、道徳が衰えたと言われるのはじつに商工業者の恥であり、かつ国民の恥と言わなければならない。だから実業界にいる者は、互いに導き合ってこのことに十分に注意し、しだいに物質的な進歩にふさわしくなるよう徳義の向上を図りたいものである。

武士道と実業

武士道の意義

「武士道」は日本民族の精華《せいか》である。桜の花が日本の誇りであるように、武士道もまた日本の誇りである。今や「武士道」という言葉はただ日本人が口にするだけでなく、世界各国の人々が同様にその研究を試みつつある。あの日清、日露の二つの戦争が行なわれたあと、武士道は世界の人々に尊重される一つの主題となってきた。

さて「武士道」という立派な言葉が男子の間で盛んに言われるようになったのは、徳川家康が江戸に幕府を創建したあとのことであるらしい。それ以前の鎌倉時代から武士の道はあったが、「武士道」という立派な名前はまだついていなかったように思われる。俗に言う「刀の手前」とか「弓矢の道」などという言葉は武士道と同様のもので、すなわち武士たる者の去就進退《きょしゅう》を決めるときの目標としてあった。

であれば、武士道とは何であるかというと、武士が他に対して自分の態度を決める場合に、不善、不義、背徳、非道を避けて、正道、仁義、徳操《とくそう》に徹しようとする堅固な心構えであり気高い考え方であって、礼儀、廉恥《れんち》を真髄とし、これに弱きを助け強きをくじくといったような義侠心《ぎきょうしん》つまり男気を含めたものであると言えよう。だから腰に刀を差す以上は、受けたくないもの、取るべきでないものは、どんな場合でも必ずそれを退け、道徳上もしくは自分の職責上しなければならないことであれば、たとえいかなる困難や苦しみに出遭《あ》うとしても、自分の命を投げ打ってでも必ずそれを成し遂げなければならないという決心を持ったものである。

「刀の手前捨て置かれぬ」とか「弓矢の道が立たぬ」などというのは、このような場合に際して、武士たる者が取るべき道を言ったものである。その心が行ないとなり、その行ないが道にかない機会に応じて、つまずき倒れるような咄嗟《とっさ》の場面でも、誤ることなく成し遂げられることが武士の本領であるとして、武士たる者は競ってこの理想の状態に心身を置こうと志した。たとえてみれば、武士における武士道は、僧侶の悟りの道、キリスト教信者の天国のようなものであった。

阿部忠秋の忠義

古来、武士道の典型と称えられるべき逸話は、侍の間にはたくさんある。とりわけ阿部豊後守忠秋《ぶんごのかみただあき》が三代将軍徳川家光を諫《いさ》めたことなどは、明らかに武士道の一端を発揮したものだろうと思う。忠秋はのちに有名な大臣となったが、青年の時に主君徳川家光が年少の血気に駆られて乱暴でわがままな挙動があることを深く憂え、どんなことをしてでもこの悪癖を諫めてやめさせようと心がけていた。

当時、将軍家では毎年正月に行なわれる道場開きの当日、国を治め争乱を忘れない気構えから、将軍みずから道場に出て臣下と太刀《たち》合わせ、つまり試合をすることが恒例となっていた。この試合では、臣下は君主の権威にへつらって、わざと負けるような傾向が出てきたので、せっかくの太刀合わせも形式化してしまった。

忠秋だけはこの弊害を見て、主君に仕える方法ではないとして心ひそかに苦々《にがにが》しく思っていたが、ある年、家光は臣下がわざと負けたのに勝ち誇り、忠秋にも試合しろと強要した。忠秋は再三辞退したが、どうしても聞き入れられない。ならば、どうしても試合したいわけではないが、この機会を活かして日頃の主君の乱暴でわがままな態度を諫めて差し上げようと決心して、腕前を発揮して将軍を打ち負かしてしまった。

ところが、結果的に家光は激怒して、ついに忠秋は疎外されることになった。しかし忠秋は予期していたことなので、深く謹慎《きんしん》の意を表わしていた。その時、経験豊富な大久保彦左衛門だけが痛く忠秋の心中を理解し、いつか機を見て将軍の憤りを解いてやらなければいけないと、その機会を待っていた。

そうしてその年の夏、隅田川の大洪水に際して将軍みずから馬を水辺に進めて逆巻く激流を乗り切ろうとして焦《あせ》っていた時、彦左衛門はこの好機を逃してはいけないと目配りして、代わりに忠秋に行なわせて隅田川を乗り切る偉功《いこう》を立てさせた。この様子を眺めた家光は初めて自分の非行を後悔した。

「このような危険を冒しても人に後《おく》れを取るまいとする覚悟は立派なものだ。道場開きの際、自分を打ち負かしたのも、彼は自分の足らないところを励まそうという誠意だったに違いない。その心情を理解せずに、かえって彼を疎《うと》んじたのはひとえに自分の誤りだった」と家光は悟り、再び忠秋を重用したという話がある。

これは町中に伝えられる話で、必ずしも事実だったかどうか断言しにくいが、とにかく武士道は忠秋の行動のようであるべきだという例証としては適切なものである。いかに主君に疎まれ誠意を誤解されたとしても、いたずらに自分の運命をはかなんで自暴自棄に陥るのは、武士たる者にとって本当に名誉のあることではない。忠秋が洪水の中に馬を乗り入れたのは、主君に疎外されたことをはかなく思って潔《いさぎよ》く主君の前で最期《さいご》を遂げようというような悲観的な行為ではなかった。

もちろん、その場合、必死の覚悟で取りかかったに違いないが、かつて水練つまり海や川での泳法の嗜《たしな》みもあり、必ず激流を乗り切る自信があったに違いない。ここで主君の憤りを解かなければ、せっかくの自分の誠意も無駄になる。必ずこれはやり遂げなければならないという決心でやったのである。

忠秋の心中がそこにあったからこそ、初めて武士道の典型として世の中に持てはやされたのである。もし彼が自暴自棄で馬を激流に乗り入れたとしても、精神がそこになかったとすれば、このような偉功を立てることはできないだろう。もっともこの話だけでは、まだ武士道の真髄《しんずい》を説明するには不十分だが、確かにその一端だけはうかがうことができるだろうと思う。

商工業者は武士道を誤解している

要するに武士道の真髄は、正義、廉直《れんちょく》、義侠《ぎきょう》、敢為《かんい》、礼譲《れいじょう》などの美徳が含まれたものなので、武士道と一言で言っても、その内容はなかなか複雑な道徳である。そして私が非常に残念に思うのは、この日本の精華《せいか》である武士道が古来、もっぱら武家社会だけで行なわれ、営利商売に身を置いた商業者の間にその気風が非常に乏しかったことである。

昔の商工業者は武士道のようなものに対する考えを非常に誤解しており、正義、廉直、義侠、敢為、礼譲などのことを中心にすると商売が立ちゆかないと考え、「武士は食わねど高楊枝《たかようじ》」というような気風は、商工業者にとっては禁物であった。

これは時勢がそうさせたところもあっただろう。けれども、武家に武士道が必要であったように、商工業者にもまたその道がなければならないことで、商工業者に道徳はいらないなどというのは、とんでもない間違いであった。

おそらく封建時代において、武士道と営利商売の道とが相反するように解釈されたのは、一部の儒者が仁と富とは並び行なわれるものではないように考えたのと同様の誤りであって、両者ともに少しも相反するものでないという理由は、現在すでに世の人々が認め、理解していることだろうと思う。

孔子のいわゆる「富と貴とは是れ人の欲する所也、其の道を以てせずして、之を得れば処《よ》らざるなり。貧と賤とは是れ人の悪《にく》む所也。其の道を以てせずして之を得るも去らざる也」という教えは、じつに武士道の真髄である正義、廉直《れんちょく》、義侠、などと適合するものではないだろうか。孔子の教えで、賢者が貧しく賤しい身分に身を置くにあたって、その道を変えないというのは、あたかも武士が戦場に臨んで敵に後ろを見せない覚悟と似たものである。その道を実行しなければ、たとえ富貴を得ることがあっても安心していることができないというのは、昔の武士が武士道という規範によって行動した気概と同様のものであると言ってよいだろう。

そうであれば結局、富貴は賢人も望み、貧賤は賢人も欲しなかったけれども、彼らは道義を尊重し富貴や貧賤は取るに足らないこととしたのに、昔の商工業者はこれに反対したから、ついに富貴貧賤を重く考え道義を軽くとらえるようになってしまった。誤解もはなはだしいではないか。

武士道すなわち実業道

この武士道や仁義道徳の道は、ただ儒者や武士といった人々の間で行なわれるものではなく、文明国において商工業者が拠《よ》って立つべき道でもあると考える。西欧の商工業者が互いに個人間の約束を尊重し、もしその間に損益があるとしても、一度約束した以上は必ずこれを守って実行するというのは、人として当然行なうべき道徳心が固い、正義廉直《れんちょく》の考えがそうさせているのである。

ところが日本の商工業者は、いまだに旧来の習慣から脱することができず、ともすれば道徳心を無視して一時の利益に走ろうという傾向があって困る。欧米の人々も常に、日本人にこの欠点があることを批判し、商取引において日本人に絶対の信頼を置いていないのは、我が国の商工業者にとって大きな損失である。

人として処世のうえで最も大切なことを忘れ、非道なことを行なってでも私利私欲を満たそうとしたり、あるいは権勢に媚《こ》びへつらってでも自分の繁栄を計ろうと望んだりするのは、じつに人間としての行動の基準を無視したものであり、このようなことは決して自分の身や地位を長く維持するための道ではない。

仮にも世の中で立派に生きていこうと志すのであれば、職種や身分の高低を問わず、常に自分の力を中心にして少しの間も道に背かないことに留意して、そののちにおのずと裕福になり、かつ繁栄する計画を怠らないことこそ、本当に人間として意義があり、価値がある生き方ということができるだろう。

これからは、武士道を心に置いて行動しなければならない。商業であろうと工業であろうと、この心を中心にすれば、世界の列強と肩を並べて日本が優位を占めつつあるように、商工業においても世界でその強さを競うようになるだろう。実業家は旧来の悪い考えを一掃して、新時代の活動の舞台で、昔の武士が戦場を走り抜けたような心がけによって、大いに世界で活躍してもらいたい。私は武士道と実業道はどこまでも一致しなければならないもの、また一致すべきものであると主張するのである。

富貴栄達と道徳

処世上の本当の意義

私たちがこの世の中に生きている目的はそもそも何だろうか。また一所懸命《いっしょけんめい》に努力して毎日の活動を続けているのは何のためだろうか。まず第一に、これについて考えてみなければならない。これと同時に、ではどのようにして世の中に対処していくのが最も適当な機会にかなったものなのかも研究してみる必要がある。実業家の立場からこれらの問題を解決するため、少し私の意見を打ち明けてみたいと思う。

さて、この世の中に生きている人々が、みな自分一人さえ都合よくやっていられればよいと思ったとして、それで人間の目的を果たしたと考えていたからといって、それを咎めて制裁するというわけにもいかない。しかし、それが果たして完全な人間の目的であると言うことができるだろうか。

「孝経《こうきょう》」には「身を立て道を行い名を後世に揚げ、以て父母を顕《あらわ》すは孝の終也」とある。つまり父母の名を顕すという主眼から、身を立て道を行ない名を後世に上げるということを教えている。この句を詳細に味わってみると、その中には功名つまり名誉を得ることも、富貴つまり財産があり身分が高いことも、栄達つまり立身出世もみな含まれている。

もし「孝経」の説が果たして真理であるとすれば、功名、富貴、栄達は人生の目的であるようにも受け取れる。それだけでなく自身の栄達はただ自分と家族の幸福ばかりか、その子孫が受ける幸運は九代に及ぶというくらいだから、人が自身の栄達を求めてやまないのは無理もないことである。

ある意味から観察すれば、人間にこの心があるのは、むしろ人間として自然な性質、心情がそうさせるところであり、必ずしも卑しむべきことではないと思う。しかし、単にそれだけで人間としての処世の目的が終わると考えるのは大いに間違いではないだろうか。

どうしてかと言えば、人間は自分一人の栄達を求めることが自然な心情であると同時に、人が社会の一員として立つ以上、共同共存ということもまた人類として自然な性質、心情でなければならない。

したがって、人は自分一人が富貴や栄達を手に入れれば、ほかは敢えて考慮するまでもないという了見でこの世に処していくわけにはいかないではないか。一面で自分の富貴、栄達を望むとともに、他の面ではどこまでも国家や社会のために尽くさなければならない義務がある。すなわち国民各自が力を合わせて協力し合い、その国の運勢や文明を進めていくことは、みなが生きていく上で人生の重大な要件になっているはずである。

これによってみれば、人生の目的に沿う人間の本当に意味のある行動としては、君に忠実であること、父母に孝行すること、友に信用のあることだけでなく、広く同族や国民を愛して敬うという、いわゆる「忠恕」の心を押し広め、世の中が発展する機運を助けていかなければならない。こうしてこそ、初めて人生の本分をまっとうすることができるのであり、ひいてはそれが自分の栄達の根本ともなるのである。

本分に伴う報酬

処世上の本当の意義を深く考える時、商業に従事する者でも工業に従事する者でも、単にその業務によって自分一人だけ儲かりさえすれば、それが人間の本分だとは思えない。もしここで一人の人間が自分の説を立てて、「個人は国家の一分子だから、個人個人が儲かることは結果的に国家の利益である。だから各自が利益を得ることを主眼としていれば間違いない」という意見を持ったとしたら、その結果はどんなものだろうか。

仮にこの意義を押し広めて、「人力車を車夫が引くのは客を乗せた料金を得るためだが、もしその料金さえもらえれば人力車は引かなくてもよい」というような議論になるおそれがある。しかし、これは正当な議論として許されるものではないだろう。私の説によれば、人力車を退かずにただ料金だけもらうということは、あるいは車夫として希望することかもしれないが、人間の常道から論じれば、必ずしも希望すべきことではないだろう。

要するに人力車を引くという人間の本分を成し遂げることによって、そこに料金という報酬が生じてくるのであり、本分を成し遂げて得た料金によって身を立てていくことが、人間としての常道を踏み行なうことになり、それが天地に恥じないことなのである。

この理屈と同様のことを商業家に当てはめて、あることないこと相通じるものがその業務にあると考えると、相通じさせることに対して、知恵の働かせ方しだいで報酬が多くなったり少なくなったりするのである。

このようにして多かれ少なかれ、その分を尽くして得た報酬によって身を立てることが人間として最高の道だろう。いたずらに報酬が多くなることを望むために、人道を無視し道徳を軽く見るようなことは、決して処世上の目的に添うものではなく、例の車夫が人力車を引かずに料金を得ようとするのと同じ論法となってしまうのである。

成功と失敗は必ずしも論じるに足らない

以上に論じたことを要約すれば、国家的な考えと自分の立身出世策との均衡がうまく取れて、一方に重すぎたり一方に傾いたりしないで、両者が並行することが結局、人間の処世上の要点ということになる。だから人は、まず心をここに置いて、さらに相当の知恵を磨き、学問を修め、適当な事業に対して十分に励んだならば、その事業の功績も世間に現われ、その人も必ず相当の出世ができるという結果になるだろう。

とは言うものの、世間には相当の知恵もあり、技量も持ち、加えて前述のような精神を発揮して働いている人でも、それほどの評価や名声を得ることなく終わる人がないとも限らない。それとまったく反対に、偶然の結果によって実際の知識や技量以上に立派な身分に成り上がれる者がいないとも限らない。だから、単にその結果に現われたことについてのみ、その人が世の中に残した功績を判断してしまうわけにはいかないのである。

古人の言葉にも、「成敗を以て英雄を論ずること勿《なか》れ」ということがあるが、これはすなわち私が言おうとすることと同じことで、事業に失敗したからと言って、その人が成功者や英雄でないとは言えないのである。歴史上の英雄豪傑の足跡だけでなく、私は実業界においてもこのような実例を実際にしばしば見聞きしたのである。

だから、その人が立派な身分であるとかないとかいうことは、必ずしもその人が世の中に尽くした功績の大きさに伴うものであるとは言えない。だから実業界で身を立てようとする者は、むやみに結果だけに注目せず、また成功や失敗に執着せず、まず人間としての本分を尽くすことを目的とし、自分一人の行動は天地に恥じないことを一番の心がけとして事業に従事してもらいたいのである。事業に対する結果を懸念したり、あるいは成功や失敗によって功績を論じたりするようなことは枝葉のことであり、要は根幹をいい加減にしておくことに注意することが重要なのである。

義利《ぎり》合一論

ここで一つ言っておかなければならないことは、富貴栄達つまり財産や身分と立身出世、利用厚生《りようこうせい》※①つまり自分の能力を活かして利益を得ることと生活を豊かにすること、そして仁義道徳との関係についてである。

富を積んで立身出世するというようなことと、人間の道である仁義道徳とが果たして並び行なわれるべきものであろうか。ともすれば世間では、この二者の関係を誤解して、仁義道徳を行なえば利用厚生の道に反し、富貴栄達を望めば、いきおい人道に欠けるところが出てくるというように解釈している者がないではない。しかし私はこの両者はあくまでも合致し、並行できるものであると信じて疑わない。

しばしば述べたことだが、もともと孔子や孟子の教えである仁義道徳と利用厚生とを引き離すように論じたのは、かの程子や朱子あたりの閩洛《びんらく》派と称する学派から始まったことである。孔子、孟子の根本思想に遡《さかのぼ》れば、そういう教えを見出すことができないのである。「大学」などにも「国は利を以て利と為さず、義を以て利と為す也」と明らかに述べてある。

とにかく義利は合致すべきもので、孔子や孟子の教えがそこにあることは「四書」の各章に照らして確実に証拠立てられるのだが、そのことについては別に詳しく述べたので、ここではしばらく省くとして、私はこれを偏狭な学者の罪に負わせたい。後世の学者は誤って富と道徳を合致しないもののように解釈し、仁を行なえば富むことはできず、富もうと望めば仁を行なうことはできないというふうに説いてしまった。

けれども、もし実際にその通りであるとすれば、儒学の価値というものは大いに損なわれるわけで、一種の心学すなわち心を修養する学問である以外、人間生活に何もかかわりのないものとなってしまう。果たしてそうなれば、孔子の教えなど尊敬に値するものではなくなるはずだが、実際はまったくこれと反対で、孔子が説かれた道はそんなまわりくどいものではなかった。管仲[※②]さえも「衣食足りて礼節を知る」というように、富かつ仁である者の実例は世界にたくさんある。

だから、どのような時代にも仁と義と利とは並行するものであり、決して相反するものではないと私は信じている。したがって義利合一論が生じるわけで、富貴栄達を願う者は同時に人道を守る者であり、仁義道徳の人であることができるという結論をも得られることになる。

【註】※① 利用厚生◆世の中を便利にし、人々の暮らしを豊かにすること。
※② 管仲◆中国春秋時代の斉の政治家（～紀元前六四五）。

私の結論

要するに仁義道徳の真髄は無欲で心が穏やかであり、いわゆる「疏食《そし》を飯《く》ひ、水を飲み、肱を曲げて之を枕とす」というような仙人じみた印象を持たれている誤解をまず一掃しなければならない。それと同時に、前に述べたように自分一人さえ出世すればそれが理想であるというような考えをも除かなければならない。どうしてかというと、そのような考えは仁義道徳の教えから言っても、また人としての本分から言っても、決して当を得た見解とすることができないからである。だから人としての本分を尽くすには、どうしても道徳と功利とが両手を握って進む気持ちで世に立っていくことが大切である。これが本当に理想であるに違いない。もともと利用厚生の道は、仁義道徳によってますます拡張し発達させることが処世上の当然の道である。この道をたどって理想とするところに達する責務は各自にあることなので、人として生を受けた以上、互いに励んで勉強し、一時も早く理想郷に行き着くように努めてもらいたいものである。

仁義道徳と利用厚生

儒者に誤まって伝えられた孔子、孟子の教え

私が平素の持論としてしばしば言うことだが、これまで利用厚生《りようこうせい》と仁義道徳の合体が非常に不十分だったために「仁を為せば則《すなわ》ち富まず、富めば則ち仁ならず」、利に付けば義に遠ざかり、義に依《よ》れば利を失うというように、仁と富とをまったく別物と解釈してしまったのは非常に不都合なことだった。

この解釈の極端な結果は、利用厚生に専念した者は仁義道徳を顧みる責任がないような場所に立たされてしまったことである。私はこの点について長年嘆かずにいられなかったが、要するにこれは後世の学者が犯した罪である。

すでにしばしば述べたように、孔子、孟子の教えが「義利合一《ぎりごういつ》」にあることは四書を一読すればすぐに発見できることである。

儒者が本来の意味を誤って後世に伝えた一例を挙げれば、宋の大儒学者である朱子が「孟子」の序に「計を用ひ数を用ふる、假饒い《たといにぎわ》功業《こうぎょう》を立て得るとも、只是れ人慾の私にして、聖賢の作處《さくしょ》とは、天地懸絶《けんぜつ》す」と説き、利殖功業のことを軽蔑している。

その言葉を推し進めて考えれば、かの教育家アリストートルの「総ての商業は罪悪なり」という言葉と一致する。これを別の意味から考えると、仁義道徳は仙人じみた人が行なうべきことであって、利用厚生に専念する者は仁義道徳を無視してもかまわないということになる。

このようなことは決して孔子や孟子の神髄ではなく、かの閩洛派《びんらく》の儒者によって捏造《ねつぞう》された根拠のない説にほかならない。ところが我が国では、元和、寛永の頃からこの学説が盛んに行なわれた、学問と言えばこの学説以外にはないというまでになった。そして、この学説は今日《こんにち》の社会にどのような弊害を残したのだろうか。

私のいわゆる黄金世界

孔子や孟子の教えを根本から誤り伝えた結果は、利用厚生に従事する実業家の精神のほとんどすべてを利己主義であるとし、その頭の中に仁義もなければ道徳もなく、ひどいものでは、法の網を潜れるだけ潜っても金儲けをしたいという一方にさせてしまった。したがって現在の実業家の多くは、自分さえよければ他人や世間はどうであろうとかまわないという考えで、もし社会的、法律的な制裁がまったくないとすれば、彼らは強奪すらしかねないという情けない状態に陥っている。

もし、この状態が進んでいくとすれば、将来、貧富の懸け隔てはますます大きくなり、社会はいよいよ浅ましい状態に立ち至ると予想しなければならない。これは誠に孔子、孟子の教えを誤り伝えた学者が数百年もはびこって毒を残したからである。とにかく世の中が進むにつれて、実業界にも生存競争がますます激しくなるのは自然の成り行きと言ってよい。

ところが、この場合、もし実業家が競って私利私欲を計ることに熱心になり、世間はどうなろうと自分にさえ利益があればかまわないと言っているならば、社会はますます不健全になり、嫌悪すべき危険思想が徐々に蔓延《まんえん》するようになるに違いない。結果的にそうなれば、危険思想を生み出した罪は実業家がすべて背負わなければならなくなる。

だから、一般社会のためにこれを矯正しようとするなら、この際、我々の職分として極力仁義道徳によって利用厚生に道を進めて行く方針を取り、義利合一の信念を確立するように努めなくてはならない。富みながら、かつ仁義を行なうことができる例はたくさんある。義利合一に対する疑念は根本から一掃しなければならない。

たとえ社会における貧富の懸《か》け隔《へだ》ては免れることができない現象であるとしても、このようにして富を得た者は貧しい者を憐れみ、強い者は弱い者を助け、相ともに手を携え、精神を一つにして進むならば、それこそ本当に黄金世界の実現と言うべきで、いかに凶暴なバクテリアがここに侵入しても、少しも意に介すには足らないことになるだろう。

私たちが私たちに尽くすべき職分

私がここで再び言いたいのは、弱者保護の方法についてである。我が国において四十数年の間にあらゆることが著しく発達したのにしたがい、最も注意を払わなければならない新たな現象は、貧富の懸け隔てが著しく、その度合を大きくしてきたことである。

とりわけ適切な一例としては、東京市の富がどのくらい増加したかを知ろうとするには、その反対の貧者の数がどのくらい増えたかを調査すれば間違いないと言える。これは非常に皮肉な言い方だが、事実であるからしかたないのである。私は明治初年から東京市の養育院に関係しているのだが、もし今述べたことに疑問のある人がいれば、養育院の統計表を一覧してもらいたい。非常に残念なことだが、院の事業は年毎に繁盛していく。

いかに優れた者が勝ち、劣った者が負けるという自然淘汰が社会進歩の原則であるとはいえ、私はこれらの貧困者を冷然と見過ごすことはできない。貧者を憐れみ弱者を助けることは、すなわち我々が自身で尽くすべき職分である。私はこれらの貧困者をすべて救助したいとは言わないが、できれば彼らのために相当の授産方法を講じてもらいたいものである。

富強な者が貧弱者に対して相当の職分を尽くすことは、文明的国家における国民のただ一つの徳義となっている。私が先年アメリカを巡遊した時、各地に慈善救済事業が盛んである状況を見て、つくづく文明国家の真の意義を感じずにはいられなかった。同時に、翻《ひるがえ》ってこれを我が国情に照らして、我が国の国民がこの種の事業に対して非常に冷淡であることに驚嘆した。

もともと我が国は家族制度の国柄だったから、公共の救済事業が発達しなかったのはむしろ当然だろうが、もはや昔の日本ではなくなっている。我が実業界をはじめ、その他さまざまな施設がまったく世界と同様になってきたから、貧困者の救済事業もやはり世界と同様の方法を取らなければ間に合わないわけである。

このようにして一方には貧困者がおのおのその地位に安んじて生活を楽しむようになり、他方では社会的な危険思想の病根を根絶する道が立つならば、それこそ論語のいわゆる

「貧にして楽しみ、富んで礼を好む」という域に達するものである。あえて実業家の猛省を促す次第である。（明治四十四年一月　大逆事件死刑囚処刑時の談）

清濁併せ呑まない弁

世の人々に誤解される原因

ともすると、私は世の中の人々から誤解されて、渋沢は清濁併《せいだくあわ》せ呑《の》む、つまり正しいことも悪いことも区別なく受け入れる主義であるとか、正邪善悪《せいじゃぜんあく》の区別についてかまわない男であるなどと評される。最近でもある者がやって来て、真正面から私にこう詰問《きつもん》した。

「あなたは日頃、論語を処世上の根本の教えとし、また論語主義をみずから行なっているにもかかわらず、あなたが世話している人の中にはまったくあなたの主義に反して、むしろ非論語主義の者もおり、社会からつま弾きにされている人物をもあなたは平然として近づけ、世評に対しても我れ関せずというふうに平気な態度をとっているが、このようなことはあなたの高潔な人格を傷つけるものではないのか。その真意を聞きたい」と。

なるほど、そう言われてみると、この批評もあるいはそうだろうと自分でも思い当たることがなくもない。しかしながら私には別に自分の主義があり、だいたい世の中のことに対処するにあたっては、自分の身を立てるとともに社会のために努め、できる限りよいことが行なわれるようにして、世の中の進歩を図りたいという考えを大切にしている。

したがって、単に自分の富とか地位とか、子孫の繁栄とかいうものは二の次にして、もっぱら国家社会のために尽くすことを趣旨としている。であれば、人のためにと思って善行を行なうように心がけ、すなわち人の力を助けて彼らを適所に用いたいという思いが強いのである。この心がけがそもそも世の中の人々から誤解されることになった理由ではないだろうか。

私は主義を実行するのみ

私が実業界の人間となって以来、接触する人も年々その数を増やし、それらの人々が私の行ないを見習って、おのおの得意な部分を活かして事業に励んでいるので、たとえその人自身は自分の利益を得ることだけを目的にしていても、従事する業務が正しくありさえすれば、その結果は国家社会のためになる。だから私は常に共感し、その目的を達成させてあげたいと思っている。

これは単に直接利益を計る商工業者に対する場合だけでなく、言論に携《たずさ》わる人に対しても、やはり同様の考えで接してきた。たとえば新聞雑誌の仕事をしている者が来て私に意見を聞く時でも、私の説を掲載して多少その価値を高めることができて、それを願う人の誠意ある心から出たものであるならば、自分の説がたとえ価値のあるものでないと思っても辞退することはない。それらの人々の希望を受け入れてあげるのは、希望する人たちのためであるばかりか、社会の利益の一部分にもなるだろうと考えるので、非常に多忙な時でも時間を割いて、その要求に応じることにしている。

自分が心に思う主義がこうであるから、面会を求めて来る人には必ず会って談話する。知人とそうでない人との区別なく、自分に差し支えさえなければ必ず面会し、先方がやってきた理由とその希望を聞くことにしている。そういうことなので、来訪者の希望が道理にかなっていると思う場合は、相手が誰であるかを問わず、その人の希望をかなえてあげることにしている。

道理に合わない要求には困る

ところが、私のこの門戸《もんこ》開放主義に付け込んで、道理に合わない要求をしてくる人がいて困る。たとえば、見ず知らずの人から生活上の経費をくれと申し込まれるとか、あるいは親の財産が思い通りにならないため自分は学費を断たれて困っているから、今後何年間か学費の補助をお願いしたいとか、このような新発明をしたから、この事業を成立させるまで援助してもらいたいとか、はなはだしいのは、こんな商売を始めたいから資本を入れてくれとか、ほとんどこの手の手紙が毎月何十通となく舞い込んでくる。

私は手紙の表に宛名がある以上、必ずそれを読む義務があると思うので、そういう手紙が来るごとに、読み終えてはまた目を通すことにしている。また、ご本人みずから私の家に来て、この種の希望を述べる者もいる。私はそういった人にも面会するが、しかしこれらの希望や要求には道理のないものが多いので、手紙のほうは自分では断りにくいが、とくに出向いてやって来た人に対しては、その道理に合わない理由を説明して断るようにしている。

私のこの行為を他人が見たなら、何もそういう手紙を一通ずつ見たり、そういう人にすべて会ったりする必要はないと言うだろう。けれども、もしそれらに対して面会を謝絶したり、手紙を見なかったりすることは、私の平素の主義に反する行為となる。だから私には雑務が多くなって、ちょっとしたひまもなくなるので困るとは知りながらも、主義のためによけいな手数をかけるわけである。

そうして、それらの人が言ってきた事柄でも、知人から頼まれたことでも、道理にかなっていることであれば、私はその人のため、また国家社会のために自分の力の及ぶ範囲で力を貸してあげる。つまり道理のあるところには、みずから進んでも世話してあげる気になるのだが、そういうことでもあとになってみると、あの人はよくなかった、あの事柄は見間違えていた、ということがないわけではない。しかし、悪人が必ずしも悪人に終わるのものでもなく、善人が必ずしも善行を成し遂げるものであるとも限らない。だから、悪人に対しても悪人として憎まず、できるものであればその人をよい方向に導いてやりたいと考え、最初から悪人であることを知りつつも世話してあげることもある。

欺かれるのはしかたがない

とにかく私は前述のような気持ちで人と接するけれども、初めからこのようなつもりで来るには、時には欺かれることもある。それは、その人が私のもとに来て言うことと、ふだん実際に行なっていることが違う人物の場合である。私としても、いちいちその人に付いて行動を監視するわけにもいかず、陰で行なうことはどんなものであるのか知らないけれども、私の面前で言うことは信じられると思うので、知らないうちにその術中にはまってしまうのである。

孟子[※①]に鄭《てい》[※②]の高官である子産が料理人に欺かれた話が載っている。子産という人は知恵者であり、鄭の国を治めて非常に功績をあげた人だが、ある時、あるところから生きた鯉を贈られたので早速、料理人に命じて池の中で生かしておくようにさせた。ところが料理人は、これを煮て食べておきながら主人に報告して言った。「初めに魚を池の中に放した時は、さも驚いた様子だったが、しばらくして悠々と水底に入った」と。

ところが子産はこの報告を聞いて「そうだったか、そうだったか」と言って喜んだのである。料理人はこの様子を見て、のちに人に告げて「どうして子産が知恵者などと言われているのか。魚は私が煮て食べたとも知らずに、そうだったかと言っている」と笑ったという話である。

けれども、これは子産が愚かだったわけではなく、料理人の欺瞞《ぎまん》から起こったことで、子産を責める理由はどこにもないと思う。孔子は門人の宰我から仁者を欺くことの質問を受けた時に「君子は逝《ゆ》かしむべきも、陥るべからず。欺《あざむ》くべきも、罔《し》ふべからず」と答えて、一度は欺くことができるが、最後まで欺き通せるものではないと教えられたということである。

私もある時は惑わされることがあるが、清濁併せ呑むことはしない。本来、世の中は清すなわち良いことだけが行なわれなければならないはずで、濁すなわち悪いことがあることは根本から間違っている。だから清に与することは当然だが、濁をも併せ呑む必要があることを認めないのである。

そういうことなので、これらの意義によって初めから正邪善悪を別けているつもりだが、子産と料理人のような場合には神ではない者が欺かれることは避けられないということもあるだろう。初めから清濁併せ呑むつもりで豪傑を気取り、欺かれることがわかっていて欺かれるのではないのである。

【註】※① 孟子◆四書の一つである「孟子」。
※② 鄭（てい）◆中国春秋時代の国の一つ。

誤解する者が道理に反している

昔は信賞必罰《しんしょうひつばつ》、すなわち情実にとらわれずに厳正に賞罰を与えることを良しとしていたが、現在で考えてみると、必罰は人を統率する方法でもあるのだろうか。この意義からすれば、自分は本当に欺かれやすい主義をとってきたから、世間から誤解される場合があるのもやむをえないことだった。

このようなことは、もちろん私の短所だろうが、時には私にとって長所になることもあると思う。私の門下生と称す者、私に私淑する者の中にも私と反対の行動をする者がいるだろうが、そこまでは私の力が及ばないことなので、それを見つけて私の罪とし、私を清濁併せ呑む者と見なしても、それは見る人の誤解と弁明するしかない。

論語と算盤

私が所蔵している画帳の中に論語と算盤《そろばん》とを一緒に描いた軸がある。旧来の考え方からすれば、論語と算盤とはいかにも釣り合いのとれない画題で、多くの人は何か風刺的にでも描いたものだろうと推察するほど、この二つの物が調和しているとは思えない。

古い漢学者の考え方からすれば、論語は道徳上の経典であるのに、算盤はまったく正反対である利殖のための道具である。どうしてこの二者が相容《あいい》れることができるのか、という結論に至るに違いない。ところが私はただ一人、世の中のいわゆる儒学者の見方と見解を異にして、だいぶ前から論語と算盤はともに一致しなければならないというのが持論であった。そして、しばしばそれに関する意見を人に語ったり、社会に向けて発表したこともある。

いつだったか、儒学の大家である三島中洲《みしまちゅうしゅう》博士※①に私の所蔵している軸をお見せして、自分の意見を述べたことがあった。ところが、三島博士も私の意見にうなずかれ、その後、博士は「論語算盤論」を作って私に示された。では、なぜ論語と算盤が調和するものであるのか、次に私の持論を述べてみたい。

【註】※① 三島中洲（みしまちゅうしゅう）◆三島毅（一八三一〜一九一九）。漢学者。東京高等師範学校教授、東京帝国大学教授などを歴任。漢学塾二松学舎の創立者でもある。

論語読みの論語知らず

論語が孔子の言行録であることは今さら言うまでもないが、その論語を通して孔子の性格をうかがってみると、そもそも孔子は容易に本音を吐かない人だったようである。常に事物の半面だけを語り、全体を悟らせることに努めておられたように思われる。とりわけ門下の諸先生に説かれた教訓の数々に、たいていこの側面観、つまりある一面からの見方によって反省を促していた。

それは今例をあげて説明するまでもないことだが、同じく「仁」ということを弟子に説いて聞かせるにしても、たとえば甲という弟子に説いた内容と、乙という弟子に説いた内容と、ないしは丙という弟子に語り丁という弟子に教えた内容とおのおの異なったもので、その人物の性格を見て、それに適応するように説いて聞かせたのである。俗に「人を見て法を説け」ということがあるが、孔子の教訓の示し方はまさにそれであった。

しかし、この事実についてはこれまで誰も認めていたことで、孔子の教えを慕う者はみな、そういう気持ちで論語を読んだに違いない。だが孔子のこの教育法がかえって後世の人から誤解される原因を作り、知らず知らずのうちに孔子の教えの本領を誤り伝えるようになったのである。「論語読みの論語知らず」などと嘲《あざけ》って、自分はその趣旨を理解していることを誇り、論語を間違って解釈している儒者を罵《ののし》った連中でさえ、なおかつ孔子の巧妙な側面観的な教訓に惑わされて、無意識のうちにやはり「論語読みの論語知らず」に陥っていたのは、むしろ滑稽《こっけい》な事実ではないか。

とにかく孔子の教えは範囲が広いので、解釈のしかた、意義の受け取り方によってはどのようにも見える。だから解釈もまたいろいろとあるわけだが、私は実業家の立場から論語を見ると、儒者がいまだかつて発見したことのない、非常に妙味のあることを見出すことができるのである。

仁義と富貴

これまで儒者が孔子の教えを誤解していた中でも最もはなはだしいのは、富貴と利殖についての考え方だろう。彼らが論語から得た解釈によれば、「仁義王道」と「利殖富貴」の二者は相容れないものとなっている。もしそうであれば、孔子は「富貴を求める者に仁義王道の心を持つ者はいないから、仁者になろうと心がけるならば富貴の考えを捨てよ」という意味に説かれたことになる。しかし論語二十篇をくまなく探しても、そんな意味のことは一つも発見することができない。

いや、むしろ孔子は利殖の道に向かって説いておられる。しかしながら、その説き方が例の半面観的、つまり側面観的なものだから、儒者がこれについて全体を解釈することができず、ついに世の中に誤りを伝えることになってしまったのである。

例を挙げれば、論語の中に「富と貴はこれ人の欲する所也、其の道を以てせずして之を得れば処《よ》らざる也。貧と賤とはこれ人の悪《にく》む所也、其の道を以てせずして之を得れば去らざる也」という句がある。この言葉はいかにもその裏に富貴を軽んじたところがあるようにも思えるが、じつは側面から説かれたもので、細かく考えてみれば富貴を卑しんだところは一つもない。その趣旨は富貴に溺《おぼ》れることを戒《いまし》められたまでで、このことがすなわち孔子が富貴を嫌悪《けんお》したとするのは誤りもはなはだしいと言わねばならない。

孔子が言おうとしたのは、道理に従って得た富貴であれば差し支えないという意味である。そうしてみれば、富貴を卑しみ、貧賤を推奨したところはさらに見当たらないではないか。この句について正当な解釈を求めるならば、「道を以てせずして之を得れば」という部分を十分に注意することが大切である。

正当な富貴功名

さらに一例を示せば、論語の中には「富にして求むべくんば執鞭《しつべん》の士と雖《いえど》も我亦之《われまたこれ》を為さん、若《も》し求む可《べ》からずんば吾が好む所に従わん」という句がある。これも普通に解釈すれば富貴を卑しんだ言葉のようだが、いま、富貴の見地からこの句を解釈すれば、句の中に富貴を卑しんでいるようなところは一つも見当たらないのである。

富を求め得られるならば、執鞭の士、つまり卑しいとされる仕事に就く者、身分の低い者になってもよいというのは、正道仁義を行なった結果として富を得ることができれば、そうなってもかまわないということである。すなわち「正しい道を歩んで」という句がこの言葉の裏に存在していることに注意しなければならない。そのようにして下の半句は正当の方法によって富を得られないのであれば、いつまでも富に執着していることはない。心の曲がった悪人のような手段をとってまでも富を築こうとするよりは、むしろ貧賤《ひんせん》に甘んじて道理にかなった行ないをするほうがよいという意味である。

だから道に反する富は早く諦《あきら》めたほうがよいが、必ずしも好んで貧賤に甘んじていろとは言っていない。この上下二句の要点を述べれば、正当な道を歩んで得られるのであれば、身分が低くなってもよいから富を築け、しかし正当でない手段をとるくらいなら、むしろ貧賤に甘んじていろということで、やはりこの言葉の反面には「正しい方法」という意味が潜んでいることを忘れてはならない。

孔子は富を得るためには、本当に身分の卑しさなどを問題にしない主義だった。こう断言したら、おそらく世の道学の先生は目を丸くして驚くかもしれないが、事実はあくまでも事実である。実際、孔子みずからそのように口にされているのだからしかたない。もっとも孔子がおっしゃる富は絶対的に正当な富である。もし正当でない富や道理に反した功名に対しては、いわゆる「我に於《おい》て浮雲の如し」であったのだ。

ところが世の中の儒者がこの間にある区別を明確にしないで、富貴や富と言いさえすれば、その善悪にかかわらず何でも悪いものとしてしまったことは、非常に早まった判断ではないか。道理に従った富貴功名は、孔子も自分から進んで得ようとしていたものである。

朱子学の罪

孔子の教えの趣旨を世の中に誤って伝えたのは、宋の時代の朱子だった。朱子は孔子の教えを解釈する学者の中では最も博学で、偉大な見識を持っていたのだろうが、孔子の富貴説に対する見解だけはどうしても肯定することができない。

朱子だけでなく、宋の時代の学者全般に、異口同音に孔子は利殖富貴を卑しんだように解釈し、卑しくも富貴を望んで利殖の道を説こうとする者は、とうてい聖人賢者に続く道を歩むことはできないとしてしまった。したがって、仁義道徳を志す者は必ず貧賤に甘んずる必要があり、儒者は貧賤であるべきだということになり、利殖の道を志して富貴を得る者を敵視するような傾向が生じ、ついに道理に反した者にまでしてしまったのである。

ところが朱子の学風は我が国において非常に勢力があったから、孔子に対する誤解も社会一般に広まってしまい、富貴を願い利殖の道に関係する者は誰でも仁義の人とは言われないようになった。とくに営利に関係する仕事を行なう者の地位が卑しかったために、この考えは一層強く世の中に現われていた。

要するに、我が国の国民性が形づくられるうえで朱子学は偉大な貢献があったことは認めなければならないが、同時にまた富貴利殖と仁義道徳とは相容れないものであるという誤った考えを蔓延《まんえん》させた弊害も隠すことのできない事実である。しかし、その時代の大儒者である朱子でさえそのようであるから、後世の平凡な儒者の流れがこれに従い、孔子の教えの本領を誤らせてしまったことは無理もないことである。

孔子は単なる道学者《どうがくしゃ》ではない

もとは孔子を一人の道徳家として解釈してしまったから、こんな間違いも生じてきたのである。孔子の本当の姿は、のちの儒者が見なしたような、道徳の講釈だけを説いてそれでよしとする先生ではなかった。いや、むしろ堂々とした政治家だった。孔子を政治家と断定するのは必ずしも私だけではない。それは孔子が四方を遊説した事実を調べてみれば誰でもわかることである。かつて、亡くなった福地桜痴《ふくちおうち》居士が著述した「孔夫子」という書物があるが、その中に次のようなことが書かれている。

「孔子は若い時代から常に政治家となる野心を抱いて居り、晩年に及ぶまで自己の経綸《けいりん》すべき機会を狙うて東西に奔走して居た。しかれども彼が一生を通じて其の志望を果す可き時期は遂《つい》に来なかった。故《ゆえ》に六十八歳の時断然政治的野心を拋棄《ほうき》して仕舞い、爾後《じご》五年間に於《お》ける孔子の生活は、全く道学《どうがく》の宣布《せんぷ》、子弟の教育に一身を委《ゆだ》ねて居た云々」

私はこの説にすべて同意するわけではないが、少なくとも孔子の生涯を知るほどの者であれば、孔子が政治に関心を持っていたことを否定しないだろう。このような考察をもとに孔子の言動をみれば、それは確かに堂々とした政治家の主張である。孔子が利殖の道を決しておろそかにしなかったのは、当然のことと言わなければならない。

孔子の本質

考えて見れば昔の聖人は、その徳によって高い身分に上りつめた人々であり、尭舜《ぎょうしゅん》、禹《う》湯《とう》、文武のような人物がすなわちそれである。そして孔子もその徳を備えていたけれども、不運なことにその位を得ることができなかった。だから、彼の全身に満ちあふれた政治手腕も活かす場所がなく終わったのだったが、もし孔子が尭舜、禹湯、文武のような為政者の地位にあったなら、現実的に必ずその統治者としての考えを遺憾なく発揮したことだろう。

孔子の根本主義は、かの「大学」に説いてあるように「格物知致《かくぶつちち》」、つまり、一つひとつの物事の理を極め尽くそうとすることにある。利殖の道はまた世の中を治める根本的な教えである。孔子が政治に志を持っていたならば、利殖の道を無視して世の中を治める方法はないから、必ず利殖をも重んじていたに違いない。これが、まさに私が得た見解である。

近年、漢学が再興するに従い、論語もだいぶ読まれるようになってきたらしい。しかしながら論語を読んでも、旧来のように富貴功名を卑しむべきものであると解釈していたら何の役にも立たない。論語を読む際には、私のいわゆる「論語と算盤《そろばん》」との関係を重視し、これによって富を築き国を治めることの根本を得ようと志してこそ、初めて本当に意義のあるものとなるのである。

「論語読みの論語知らず」ということは、もはや前世紀の言葉である。今は論語を読んで一つひとつ生きたものとして活用しなければならない。ところが、今日《こんにち》でも生意気な青年などに、時として論語を古い道徳の典型と見なし、旧時代の遺物としてほとんど顧ない者がいる。これは大きな誤解である。聖人の教えは大昔から廃《すた》れることのないもので、必ずしも時代によって用不要のあるものではない。

私は明治時代に生きて、しかも論語を行動の指導者としてきたが、現在まで不便を感じたことはなかった。そうしてみれば、旧時代の遺物でもなければ、古い道徳の典型でもない。現在にあって、現在行なうことができる処世の教訓である。世の中で利殖に志のある者は、論語を指針とされることを希望する次第である。

論語主義と権利思想

ともすると世の人々の中には、論語主義には権利に対する考え方が欠けていて、それは文明国の完全な教えとするには物足りないと論じる者がいるようだが、これはその人の誤った見方、考え方であると言わなければならない。

なるほど、孔子の教えを表面的に考察すると、あるいは権利に対する考え方が欠けているように見えるかもしれない。キリスト教が一番優れているとする西欧諸国の考え方に比べると、きっと権利の考え方が薄弱であるように思われるだろう。しかしながら、私はこのようなことを言う人は、いまだに本当に孔子を理解していないのだと思う。

孔子は釈迦やキリストとは成り立ちが異なる

キリストや釈迦は最初から宗教家として世に出た人だが、孔子は宗教家として出発した人ではないと思う。キリストや釈迦とはその成り立ちがまったく異なるのである。とくに孔子が生きた時代の中国の風習は、とにかく義務を優先し、権利をあとにする傾向があった。このような空気の中で成長した孔子に対して、二千年後の現在、まったく考え方が異なるキリストと比べることは、すでに比較すべきでないものを比較しているのである。

だから、この議論は最初から根本が誤ったものであると言うべきで、両者に相違が生じるのは当然の結果なのである。そうであれば、孔子の教えにはまったく権利の考え方が欠けているのだろうか。以下、少し私の考えを述べて、世の中の人々が道理を理解していないことを説明したいと思う。

論語主義は自分を律する教えであり、人はこのようにありたいというふうに、どちらかと言えば消極的に人道を説いてきたものである。そして、この主義を押し広めていけば最終的に天下に立てる、つまり立派な指導者になることができるが、孔子の真意を推し測れば、初めから宗教的に人を教えるために説を立てようとは考えなかったらしい。けれども孔子にいっさい教育の考えがなかったとは言えない。もし孔子に政権を執らせたならば、よい政策を行なって国を富まし、人々に安心を与え、王道を十分に広める決意であっただろう。言い換えれば、初めは一人の政治家だった。

その政治家として世に立つ間に門人からいろいろと雑多な質問をされ、それについて一つひとつ答えを与えた。門人といってもさまざまな方面に関係を持った人の集合であるから、その質問もおのずと多岐多様であり、政治を問われ、忠孝を問われ、文学や文化を問われた。この問答の内容を集めたものが、やがて論語二十篇となったのである。

詩経※①を調べ、書経※②の説明を行ない、易経※③を集め、春秋※④を作ったことなどは晩年のことであり、福地桜痴居士が言われたように、六十八歳以後の五年間、わずかに布教的な意味から学問に傾倒したように思われる。そうであれば、孔子は権利に対する考えの欠けた社会に成長し、しかも他人を導く宗教家として世に立ったわけではないから、その教えに権利の考えが明確でないのはやむをえないことである。

【註】※① 詩経◆中国最古の詩集で五経の一つ。孔子の編と伝えられる。
※② 書経◆中国の五経の一つで、五十八篇からなり、尭、舜に始まり夏、殷の王朝を支えた実力者の言辞録である。
※③ 易経◆周代に作られた占いの書物。
※④ 春秋◆中国春秋時代について編年体で記された歴史書。五経の一つで孔子が編んだと伝えられる。

両極は一致する

ところがキリスト教は孔子の教えとはまったく逆に、権利の考え方を充実させた教えを立てた。もともとユダヤ、エジプトなどは預言者《よげんしゃ》つまり神の意志を人々に授けるような者の言葉を信じる国風がある。したがって、その種の人も多いのだったが、キリストの祖先であるアブラハムからキリストに至るまで、ほとんど二千年を経た間にモーゼやヨハネなどといった大勢の預言者が出て、あるいは聖王が出て世の中を治め、あるいは王様と同様に世の中を導く神が出現するなどと言い伝えていた。

そしてキリストが生まれたのだったが、国王は預言者の言葉を信じ、自分に代わって世の中を統治する者が出たのでは大変だということから、周辺の子供を皆殺しにさせたのである。しかし、キリストは母マリアに連れられてよそに逃れたためにこの難を免れた。キリスト教はじつにこのように誤った夢想的な時代に生まれた宗教であるから、したがってその教えが命令的であり、また権利の考え方も強いのである。

しかしキリスト教が説く「愛」と、論語が教える「仁」とはほとんど一致していると思われるが、そこにも命令的なことと自働的なことの違いがある。たとえば、キリスト教のほうでは「己の欲する所を人に施《ほどこ》せ」というように教えているが、孔子は「己の欲せざる所を人に施す勿《なか》れ」と反対の言い方で同じことを説いているから、一見義務だけで権利の考えがないようである。しかし、両極は一致すると言える言葉のように、この二者も最終的な目的は一致するだろうと考える。

人間が守るべき道としての孔子の教え

こうして私は、宗教として、また経文としてはキリストの教えがよいのだろうが、人間の守る道としては孔子の教えがよいと思う。これは、あるいは私の一家言であるきらいがあるかもしれないが、どくに孔子に対して信頼の度合を高めている理由は、奇跡が一つもないという点である。キリストにしても釈迦にしても、逸話に中には奇跡がたくさんある。キリストは刑に処せられた三日後に蘇生したというようなことは明らかに奇跡ではないか。

もっとも優れた人のことであるから、必ずそういうことはないと断言もできず、それらは凡人が測り知ることができないことだと言わなければならないだろう。しかし、これを信じれば迷信に陥りはしないだろうか。このようなことを一つひとつ事実と認めることになると、道理に従った正しい判断力はまったく眩《くら》まされて、一滴の水が薬品以上の功を奏し、焙烙《ほうろく》※⑤の上からの灸《きゅう》に効能があるということも事実として認めなければならなくなるから、寒中に白衣を着て神仏へお参りすることや、不動様の豆まきが依然として消滅しないのは、迷信のさかんな国だと言われてもしかたがない。ところが、孔子にこの忌わしい部分がないところは、私が最も深く信じる理由であり、これにより本当の信仰が生じるだろうと思う。

【註】※⑤ 焙烙（ほうろく）◆素焼きの浅い土鍋。

論語にも権利の考え方はある

そればかりか、論語にも明らかに権利の考え方が含まれていることは、孔子の「仁に当って師に譲らず」という一語がそれを証明してあまりあることだと思う。道理が正しいところに向かっては、あくまでも自分の主張を通してよい。

師は尊敬すべき人であるが、仁に対してはその師にさえ譲らなくてもよいという一語の中には、権利の考え方がはっきりと現われているではないか。この一語だけでなく、広く論語の各章を探してみれば、これに類した言葉はもっとたくさん発見することができるだろう。

このような論語主義に対して権利の考えが伴わないという人は、人道を消極的に説いていることに気付かない人である。西欧の思想の流れはキリスト教を根底にしている。その教えは積極的だから、人々の考え方もおのずと積極的なところがあって、権利の考えのようなものは、著しくそれが現われたものだが、東洋の思想は比較的消極的だから、内面に積極性を備えていても、外側にそれが明らかに現われない。そこに誤解が生じるわけで、人道に東西の違いがあるはずもないから、最終的には一致しなければならないわけだが、それを説く方法次第で右にも左にも見えるのである。

そうであれば論語主義に対して権利の考えがあるかないかを論じるのは、積極論と消極論との違いを知らない人の言動である。論語にも文明思想の一つである権利の考えは明らかに含まれているである。論語主義も、一部の教養のある人たちが想像するような反権利的なものではないことは、あえて私の説明を待つまでもないことだろう。

第二部　私の人生観

人生論

人生観の主観と客観

私がもし学者ならば、広く社会や一般の人生を観てから人生観を説くだろうから、その説はおそらく当たらずといえども遠からずというところだろう。

しかし、現在の私のように、これまで七十余年の人生の大部分を実業界という世界で過ごし、しかも多忙で他の世界を顧《かえり》みるひまもない状況にある者が人生を論じるとなると、偏《かたよ》っていて古臭く頑固な説となるのではないかと少し心配である。そのうえ、いまだに人生観について昔の賢人がどのような意見を持っていたのかさえ調べたことがない者が、これから人生観を説こうとするのはまことに大胆なことだろう。

しかしながら、私は平生自分が信ずるところを打ち明けるのに躊躇《ちゅうちょ》しないので、あえてこの大胆な行為に出て、私独自の人生観を述べてみることにする。

だいたい人としてこの世に生を受けた以上、そこに何らかの目的がなければならないと私は思う。しかし、その目的しだいで人生観も変わってくるに違いない。それぞれに異なる多くの人生観も、側面から観察すれば結局二つに大別されてしまう。すなわち自己の存在を客観的に観るのと、主観的に観るのとがそれである。

客観的というのは、自己の存在は二の次にして、まず社会があることを思い、社会のためには自己を犠牲にすることもいとわないというほど、自我を捨ててかかるものである。また主観的というのは、何事も自分本位にして、自己があることを知って、そののちに社会があることを認めるというほうだから、これはむしろある程度は自己のために社会を犠牲にしてもかまわないというのである。しかし人生観に対する主観や客観ということも、いま自分が説明上の都合から当座の間に合わせにこしらえた言葉であるから、これが学術上果たして当てはまった言葉なのかどうか、それはわからない。とにかく説明上、この言葉を用いていくので、読む人もそのつもりでお願いしたい。

客観的とは何か

さて、前にも述べたように、人はこの世に生まれて、必ずしも何らかの目的がないのは困ったものである。人として生まれた以上、何らかの目的を持ちたいものだが、その目的とは果たして何か、またいかにすればその目的を成し遂げることができるのか。これは人の顔つきがそれぞれ異なるように、各自意見を異にしているだろうが、おそらく次のように考える人がいるだろう。

それは自分が得意な方法にしろ技量にしろ、それを十分に発揮して力の限りを尽くし、自分が仕えている主人や親を支えて孝行し、あるいは社会を救済しようと心がける。

しかし、それも漠然と心で思うだけでは何にもならない。やはり何らかの形に表さなければならないので、ここに自分の修得した能力を活かして各自の学問なり技術なりを尽くすようにする。たとえば学者なら学者としての本分を尽くし、宗教家なら宗教家としての職責をまっとうし、政治家もその責任を明らかにし、軍人もその任務を果たすというように、各自があらん限りの能力を傾けて、そこに心をこめる。

そのような場合のその人の心情を察すると、むしろ自分のためというよりは主人や親のため、社会のためという考え方のほうが勝っている。すなわち主人や親、社会を主とし、自分はそれに従うものと心得ているので、私はこのことを客観的人生観と言うのである。

主観的とは何か

ところが前述のような考え方とはまったく反対に、ただ単に自分一人のことばかりを考え、社会のことや他人のことなどは考えない者もいるだろう。しかし他人の考えのように社会を観察すれば、やはりそこにも理屈がないでもない。

すなわち自分は自分のために生まれたものである。他人のためや社会のために自己を犠牲にするのはおかしいではないか。自己のために生まれた自己なら、どこまでも自己のために考えるのがよいという主張から、社会に起こるさまざまな出来事に対して、できる限り自分の利益になるようなことばかりしていく。

たとえば借金というものは、自分のために自分がしたのだから、これは当然支払うべき義務があるから支払う。税金も自分が生きていく国家の費用だから当然納める。各地域で支出する費用もまた同様だが、そのうえ他人を救うために、あるいは公共事業のために、道義的に自ら損をするような責任は負わない。それは他人のため、社会のためにはなるだろうが、自分のためにはならないからであるとして、何でも自己のために社会をうまく使おうとする。すなわち自己を主として他人や社会を従と心得、自己の本能を満足させ、自我を主張することで、すべきことは終わるとする。私はそのようなことを主観的人生観と言うのである。

私はそのどちらをとるか

私はこれら二つの考えが実際どのようなものかと考えると、もし後者すなわち主観的人生観のような主義で押し通したとすると、国家社会はおのずと粗野な雰囲気になり、卑しく下品になり、しまいには救いようもなく衰退していくのではないかと思う。

それに反して前者すなわち客観的人生観のような主義を拡充していけば、国家社会は必ず理想的なものになっていくに違いない。だから私は客観派を立てて主観派を排斥する立場である。

孔子の教えに「仁者は己《おのれ》立たんと欲して先ず人を立て、己《おのれ》達せんと欲しては先ず人を達す」[※①]とあるが、社会のこと人生のことはすべてそうでなくてはならないと思う。己が立とうとしてまず人を立てると言い、己がしたいことを成し遂げたいと思ったら、まず人のことを優先すると言えば、単に己と他人の立場を交換して自分の欲を満たすために自ら進んで人に譲るというような意味にもとれるが、孔子の真意はそんな卑近なものではなかったに違いない。

人を立てて、その人がやりたいことをさせてあげて、そのあとに自己が立ち、したいことをするというのは、その働きを示したもので、君子の行ないの順序はそのようにあるべきものだと教えられたに過ぎないのである。

言い換えれば、それが孔子の処世上の覚悟であるが、私もまた人生の意義はそのようにあるべきはずであると思う。

【註】※① 仁者は己立たんと欲して先ず人を立て、己達せんと欲しては先ず人を達す◈夫仁者 己欲立而立人 己欲達而達人――「論語 雍也篇 第六」より。「仁者は自分がこうありたいと思うことを、まず人にしてあげる。また、こうなりたいと思うことを、まず人にしてあげる」の意。

孔子の説

孔子はまた「克己復礼《こっきふくれい》」ということを説いた。自己のわがままな心に打ち勝って、礼に従っていきさえすれば世の中に間違いはないわけで、考えてみればこの真意も私が言う客観にあたるのである。ここでちょっと言っておかなければならないのは、「復礼」の礼は現在のいわゆる礼儀作法というような狭い意味の言葉ではない。孔子の時代、礼の字にはもっと広い意味が含まれており、精神的なこと以外はすべてこの文字の中に含まれていた。たとえば刑法とか裁判など、一身上の裁判に関する事柄までを含んでおり、彼の「礼《らい》記《き》」※②という書物を見れば、いかに礼の意味が広かったかがわかる。とにかく孔子は、自己の存在は社会に尽くすためにあるだろうという客観論者で「己に克ちて礼に復《かえ》れば天下仁に帰す※③」とまで言っている。また門人の曾子《そし》は孔子の道を解釈して「夫子《ふうし》の道は忠恕《ちゅうじょ》のみ」と言った。言うまでもなく「忠」とは君主に対し、あるいは他人に対して忠実にするという意味で「恕」とは思いやりが厚く、人のため、社会のためになるようにと考えていることである。

そうであるならば、曾子の言う「忠恕」もまた私が説く客観説と合致するわけで、自己を犠牲にしてまでも他人のためを考慮することになるわけである。人生の目的は社会のため、他人のためを考えることにありと明らかに論語に記してあるわけではないが、「仁」「不仁」とを論ずる言葉から察すると、一般を目的として大勢の人に利益があるようにと説いている。

ようするに自己のためばかりを思う者が仁者でないことはわかりきっているから、結局、客観的に人生を見るというほうが道理にかなっていると思う。こうして、孔子もまたそのように客観論者であったのである。

【註】※② 礼記◆儒教の基本的は経典とされる五経の一つ。周から漢にかけて儒学者が礼についてまとめたものを戴聖が四十九篇に編纂した。
※③ 己に克ちて礼に復れば天下仁に帰す◆子曰 克己復礼為仁 一日克己復礼 天下帰仁焉――「論語 顔淵篇 第十二」より。「己の私心に打ち克って礼に復(かえ)ることが仁すなわち誠の道である。一日でも自己に打ち克って礼に復ることができれば、天下の人民はその仁徳に帰服するだろう」の意。

カーネギーの主義

だいたい人は国家のため、君主のためにその力を尽くすために生まれたものだが、その間に余裕があるならば、家庭のため、友のために尽くす、すなわち客観的見地に立って人生を過ごすことが人間としての本分であるということは、以上に説いてきたことでわかるだろう。

私は最近、アメリカの大富豪カーネギー翁の一連の書物を読んで、客観的な思想は東洋人である我々の間だけにあるのではなく、欧米人の考えにも、やはりこれに近いものがあることを知った。

いま、その言葉の大意を汲み取ってみれば、「人間一人の幸福は、世の中を生きていく間に自分一人の力で得ることができると思うのは大きな誤解である。社会からの報いが重きをなすもので、自分一人の智恵ばかりによるものではない。ゆえに人は社会の恩恵を忘れてはならないのではないか。この理由により、いかに自分一人で蓄積した資産だとはいえ、これをその血統の者にばかり譲り渡すのははなはだ不当で、社会の恩恵を思えばこれを一般社会にも分けるのが当然である。この意味から打算して相続税は取れるだけ高く徴収するのがよい。しかし、その資産を私物化せず、広く社会にも分配するようにしなくてはならない」という意見である。

これは相続税に関するカーネギー翁の持論であるが、とにかく私の人生観と一致するものだと思う。

客観的人生観の効力

もし人の心から自我を取り去り、自己を客観的な場に置いて働かせることができれば、国家社会は必ず尭舜の治世[※④]となりえるだろう。最も卑近な例で言えば、労働者が働くことはその人自身の本分であり、必ずしも自分だけの利益を得ようとするからではない。つまり家族のため、親のためであると考えて働くのであれば、自分に不平がないばかりか、ひいては雇い主にも満足感と安心感を与え、さらに大きく国家の利益にも貢献していくことにもなる。

一労働者でさえそのような考えを持つならば、彼ら以上に重要な地位にいる者が皆この考えに到達すれば、天下は平静に治まり大いに栄えていくことだろう。けれども、もしこれと反対に、労働者をはじめ相応の地位にいる者までが、それぞれ主観的に考えて自分一人の利益ばかりを考えるようになれば、いかにして社会の秩序を保ち、一国の統治を行なうことができるだろうか。それこそ孟子が言う、いわゆる「奪わずんば饜《あ》かず[※⑤]」の極みとなるに違いない。

国民に忠恕の念が強い国は文明国だが、これと反対の国は野蛮な国であることは、私がここに事細かに述べるまでもなく、世界各国を通して見ればすぐにわかることである。

【註】※④　尭舜◆尭と舜は伝説的な中国古代の帝王。尭は中国最初の帝王とされる。両者ともに人徳と品行により、利益争いや権力闘争が起こらないよう世の中を治めたと言われる。

※⑤　奪わずんば饜（あ）かず◆「孟子」梁恵王章句上の一節。「義を後回しにして利益を優先するような輩（やから）であれば、国中略奪するまで満足しないだろう」の意味。

養育院の浮浪人と主観的な生涯

それについて私は、自分が経験した養育院の浮浪少年に関するちょうどよい例を持っている。だいたい養育院の世話にならなければならないほどの者は不幸な人ばかりで、彼らがそのような不幸な境遇になった原因を尋ねれば、ずいぶんいろいろと変わっている。女食に溺れ、賭博のために身を損じ、あるいは酒によって財産をなくしたというような、とにかく感心できない者のほうが多い。

しかし彼らのような大勢の窮民《きゅうみん》を統計的に研究してみると、彼らには一貫した共通性がある。それは何かというと、さまざまな悪癖の中で最もはなはだしいのは、自分さえよければ他人はどうでもかまわないと常に考えていることである。すなわち自我が強く自分の都合だけを中心に考えている。

これは不思議に彼らが必ず持っている共通性だが、もし彼らの主張どおり自分一人の都合ばかりを考えていたなら、必ず彼らは大変都合のよい身分になっていてもよさそうなのに、その実際はかえって理想と反し、結局、養育院のお世話になる始末である。

この例は、私がいわゆる主観的な人生観を抱く人の極端な結果を具体的に示したものだが、主観的な考えがいかに人生の真の意義と矛盾するかは、これによって誰でも了解されるだろう。しかし、浮浪少年が自分のことばかり考えていることがかえって自分のためにならないことになり、不幸に陥る原因になるとすれば、それと反対に客観的に自分の身を処す人は、人のためを思うことがかえっていかに自分のためとなるかを簡単に推測できると思う。

私の覚悟

ようするに仁義道徳の考えがない者は、世の中を生きていっても最終的には敗者にならならざるをえない。孔子のいわゆる「忠恕」は、人生においていかに必要なものであろうか。

二千五百年以前の人情も、こんにちの人情も、人情において変わりはない。だから誰でも人生を見つめるにあたって、孔子の心を本当の心と思えば誤りはない。さもなければ間違った結果に陥って後悔しても、すでに間に合わないことである。

私は青年時代から儒教によって身を処し、論語は私にとってのバイブルとなっている。そして儒教を押しいただくところは仁義道徳で、人生に存在する意義は、自己のためではなく社会のため、他人のためであるとの強い考えが、いつとはなしに私の頭の中に養われていった。

だから私は五十年来この心を信条として、人生を見つめる眼はあまり変わらずにきたつもりである。

これまで、私の人生の意義や目的は、じつに前述のようなものだった。また今後もこの心は変わらないつもりである。

私の家訓

家訓を作った理由

私が子孫のために家訓を作ったのは明治二十四年五月で、今から数えればじつに二十年あまり前のことである。元来、私のところのような小さな家庭に仰々しい家訓など作る必要はないだろうと見る人もあるだろうが、これには一応理由があることなので、自分が家訓を作ることにした理由を述べよう。

私は最初、農家に生まれたのだが、二十歳頃から浪人の集団に身を投じ、さらに官吏に身を転じ、実業家になったわけで、過去七十年あまりの生涯は何度も変転してきたのである。これに加えて維新前後、社会が最も混乱していた時代に遭遇したことにしても、今日死ぬか、明日死ぬか、ほとんど命さえ安心できない有様だったから、行状なども時には勝手気ままに振る舞っており、自分でも恥ずかしい限りである。だから、他の行為についてはやましい点はないつもりだが、自分の品行だけは自負することができない。

であれば私が家訓を作ったとしても、一から十まで私がその通りを行ったとか、すべて手本となるものだとか言いにくいのだが、たとえ自分は行状に欠点があったにせよ、現在家に数名の子供や孫がいることを思えば、それらの者に平和に円満に暮らすことの心がけを教えてやるのは親のつとめである。だから私は家訓を作り、第一に処世接物つまり世の中を生きていくことや物事に接することへの綱領、第二に修身斉家つまり自分の心と行ないを正し家を守っていくための要旨、最期に子弟教育の方法を述べ、これらを子孫が守るべき道として伝えることにした。

そうして家訓を三部分に別け、初めに処世接物の綱領を置き、次に修身斉家の要旨を配し、最期に子弟教育の方法を並べたのは、順序から言えば逆になっている。すなわち子弟の教育ができたあとに修身斉家の要旨を知り、さらに社会に出る際に処世接物の心得を知るのが順当だろう。しかしながら私は、三綱目の中で最も主となるべきものは処世接物の綱領だろうと思う。すなわち一家庭において、まず夫婦があって子供がいるというふうに、主となるべきものを先にするのは自然の理である。だから私の家訓でまず処世接物の綱領を置いたのも、要するに重要なものを先にしようという意味であることにほかならない。

次に家訓の条文を列記しよう。しかし、この家訓は天下万人がすぐに模範とすべきものであるというのではなく、ただ私はこのような家訓を作って子孫の教養の道にしようと定めたというまでであり、深く考えれば社会に発表することさえ遠慮すべきだと思う次第である。けれども本書の主旨からすれば、家訓をその中の一項目に編入するのは理由がないわけではないから、あえて掲載しておく次第である。

処世接物の綱領

家訓

第一則　処世接物《せつぶつ》※①の綱領

一、常に愛国忠君の気持ちを厚くして公に奉仕することを嫌ってはならない。

一、言動は真心を尽くすことを中心とし、行動は情に厚く慎み深いことを重んじ、事に当たり人と接するには、必ず誠意をもってすること。

一、自分のためになる友を近づけ、自分のためにならない友を遠ざけ、仮にも自分にへつらう者を友としてはならない。

一、人と接するには必ず敬意を表し、宴会で楽しんだり遊んだりする時でも敬意と礼儀を欠くことがあってはならない。

一、そもそも一つのことを行ない一つの物事に接するにも、全身の精神を傾け、取るに足りない小さなことであっても、その場しのぎにしてはならない。

一、裕福であっても驕《おご》り高ぶってはならない。貧しく身分が低くなるとしても思い悩んではならない。ただ知識を身につけ徳のある行ないをすることにより、本当の幸福を得るように期すること

一、よくしゃべることは、災いも幸せも招くもとになる。だから、ちょっとした言葉遣いにも分別をわきまえなくてはならない。

【註】※① 接物◆外部の物に接すること。人とのつきあい。

修身斉家《せいか》の要旨

第二則　修身斉家の要旨

一、父母は子弟を慈しんで教育し、子弟は父母に奉仕し、夫がまず言い出し、妻はそれに従い、おのおのその努めに尽くすこと

一、長幼の序を守り、互いに敬愛して、人を憎んだり嫉んだり紛争したりしてはならない。

一、勤勉と倹約は、創業を受け継ぎ事業の基礎を固める基礎である。常にこれを守り、仮にも驕ったり怠ったりしてはならない。

一、だいたい業務は正道のものを選んで行なうこと。仮にも投機的な業務や道徳上卑しい業務に従事してはならない。

一、だいたい一つの事を始めるには、最初は誤りなく度を超さないように行ない、すで

に始めたならば、つとめて忍耐強く長く続ける気持ちで行ない、みだりにこれを変更したり打ち捨てたりしてはならない。

一、慈善は人が尊ぶべきものである。だから、縁戚者や古くからの知り合いで貧困な人を救い、恵むこと。無理なくその方法を考え、その人に独立自活していく気持ちを失わせてはならない。

一、下男や使用人は思いやりのある誠実な者を選ぶこと。愚鈍であっても、浮ついていてへつらう者を使用してはならない。

一、下男や使用人を処遇するには、愛情、憐れみ、慈しみ、恵みの心を持つこと。しかし温情愛情で親しくなりすぎて、驕りや怠慢の心が生じないようにしなければならない。

一、冠婚葬祭の儀式および通常の招待客などがある場合、つとめて華美な趣向は避け、分に応じて質素にすること。

一、だいたい同族の者は同族会議において決議した事項は小さなことでも必ず違反してはならず、また同族に関すること、自分に関することを問わず事の重大な問題については、必ず同族会議において議決されたあと行なうようにする。

一、毎年一月の同族会議における家法の朗読式を行なうに際して、同族中で知識と徳行のある年長者がこの家訓を朗読し、さらにこれを講演して同族は必ずこれを守ることを誓うこととする。

子弟教育の方法

第三則　子弟教育の方法

一、子弟の教育は同族の家として守るべき道徳の盛衰に関することなので、同族の父母は非常に慎んで教育を怠ってはならない。

一、だいたい産まれたばかりの子や幼稚の間は身体が健全で品行が卑しくない保母を選んで保育させ、父母は常にそれを監督すること。

一、父母は常に言動、行動を慎み、子弟の模範となるように努め、家庭の教育に厳しく公正に、子弟の性質を怠惰にしたり勝手気ままな振る舞いをさせたりしてはならない。

一、学校の教育は、その子供の身体の状態を見極めて、適宜に寛大に、あるいは厳格に行なうようにする。

一、子弟が満八歳を超えれば、男子は保母をつけずに厳しい監督者をつけるようにする。

一、だいたい子弟は、幼年時代は世間の悩みや苦しみを理解させ、独立自活していけるように生まれ持った性格を発達させるようにする。かつ男子が外出するときは、できるだけ歩かせて身体の健康を保護するようにする。

一、だいたい子弟には卑猥な文書を読ませたり、卑猥な物事に接しさせたりしてはならない。また芸子や芸人のような人に会わせてはならない。

一、男子が満十三歳以上になったならば、学校の休課中に、ふだんの品行が正しい先生や友とともに各地を旅行させる。

一、だいたい男子は成年になるまでは、大人と区別して対応する。衣服は必ず綿の物を使い、器具の類もつとめて質素な物を中心にする。女子が外出したり来客に会ったりするなどの場合は絹の衣服を使ってもよい。

一、男子の教育は勇壮活発で常に敵と争う意気込みを持たせ、国内国外の学問を修めて論理や法則を解明し、事に当たっては忠実にそれを成し遂げる気性を養わせるようにする。

一、女子の教育は、操を守り行ないが潔くなるように養い、優しさ美しさを身につけさせ、従順で細かな点に配慮して上手に一家の家政ができるように訓練させる。

私の家法

以上のような家訓を作ったと同時に、私はまた家法を定め、渋沢家の家政はこの家法によるべきであるとした。その要となる者は、同族会議を開いて家政の大切な務めを議論させ、また同族の財産および毎年の出入を監督させるなどのことである。家訓中に「家法」とか「同族会議」などという文字があるのは、このことを指したものにほかならない。

私はさらに家訓中で最も主要な「処世接物の綱領」七項目について次のように少し細説

を試み、私が意図したことを明らかにしたいと思う。

忠君愛国

《処世接物の綱領　一、常に愛国忠君の気持ちを厚くして公に奉仕することを嫌ってはならない。》

愛国心を持つことは国民の自然なあり方である

私はもと農家に生まれ、青年時代に浪人となり、役人となり、官吏となったけれど、それはごく短期間であり、その後は四十年余りを実業界で過ごしてきた。だから私が過去の生涯を通じて計算するときは、いわゆる町人としての時代が最も長い。その町人の家訓の中に、なぜ武士と同じように忠君愛国というような一項目を加えたのか。これは誠におこがましいようだが、自分には自分なりの主張があって、やはり自分たちの家でも愛国忠君は欠くことのできない国民の精神的な部分だと考えたので、家訓の冒頭で最初に述べたのである。

だいたい人が世の中に生きていける根本を考えると、決してその人一人があるためではなく、その人の家庭があるためでもない。個人の共同団体である社会があり、社会があってそのあとに国家があり、このようにして人間は安全にこの世の中に処していくことができるのである。

だから、この意味を広げて論じれば、社会の一員、国家の一員である以上、誰でも国や郷里に対して自分のものであるという覚悟を持たなければならないと思う。人はすべて自分が生まれて生きていく国に対して、自然に固有の権利義務が生じるはずである。たとえば日本人であれば、日本の国に対しておのずと権利と義務を持つ。イギリス人ならばイギリスに対して、必ずその国民としての権利をもあれば義務もある。

この権利と義務は誰が与えて命令するわけでもないが、その国民は自然に国家のことを思うもので、自分の国は他の国よりも強大であって欲しいと思い、裕福になることを願うのは、国民の国家に対する自然の情である。これがすなわち愛国心というもので、国民の中でこの心が強いか弱いか、厚いか薄いかの違いによって、その国が強いか弱いか、貧しいか富んでいるかの違いもおのずと生じるものであると言えるだろう。

職業と人物にかかわらず、その心は一つである。

国民が自ら前述のような心を持てば、いかにしてこの心を形に表すべきか。言い換えれば、いかにして愛国心の成果をあげるべきか。これは大いに研究しなければならない方法である。昔の武士は戦場に馬を走らせ、主君の馬前に討ち死にすることで大きな愛国心の現われとし、忠君の極みとしていた。この心が後世にまで伝わり、忠君と言い愛国と言うのは、どんなことでも君主の前で優れた功績をあげ、天下の政治に加わって大事な役割を果たさなければならないというふうに解釈されている。

しかしながら、私の忠君愛国の心は必ずしもそうまで狭い意味のものではないつもりである。愛国の心がある者は、言うまでもなく君に忠実なものである。君主に忠実な者は愛国心が深いものである。けれども役人にならなければ愛国の成果はあがらず、官吏でなければ忠君の道が立たないという決まりはないだろう。官吏であろうと軍人であろうと、弁護士であろうと、教育家であろうと、また商人であろうと、国家を愛する心や君主に忠実な点において皆同じである。

ただ、その職務によって直接的に国家のためになるのと間接的に国家のためになるのとの差はあるだろうし、その人物がどうであるかによっては、この心に大小厚薄《こうはく》の違いはあるだろうが、これを国民として平等に見るときは、その思慮に軽重はないはずである。だから、日本人として日本に生まれた以上、自然に生じる国民の権利と義務として忠君愛国の思いが厚くなければならない。

したがって、私が実業家でありながら、その家訓に愛国忠君を説いたのもこの理由にほかならないことであり、たとえ町人や商工家であるとしても、その国家を思い忠君の心を守る意味において、決して他の軍事や行政の官吏に劣ることがあってはならないと思うからである。

奉公とは何か

そうであれば「公に奉仕することを嫌ってはならない」とした、いわゆる「奉公」とはどんな意味なのかというと、これは愛国忠君の結果であろうと思う。愛国忠君ということは、ある程度まで自我の心とか利己心とかいうものを犠牲にしているもので、絶対的に私利私欲を思う人には、愛国心も忠君の情もありえないことである。すなわち愛国忠君とは、すべて「私」とは反対に「公」であることだから、本当に愛国忠君の心がある人は言うまでもなく公に奉仕する人であるわけである。

自己を無視して国のことを思うということの結果は、何事も公ということに行き着くから、公に奉仕することをいい加減に思わないならば、当然忠君愛国になるはずである。だから私は愛国忠君の意味を厚くしなさいと教え、さらにその結果である奉公の心をいい加減にしてはならないと結論を下したつもりである。そして、これはただ私の家だけの家訓にすべきことではなく、もちろん国民である者が同様に心得ておかなければならないことである。

言動は忠信に行動は篤敬に

《処世接物の綱領　二、言動は真心を尽くすことを中心とし、行動は情に厚く慎み深いことを重んじ、事に当たり人と接するには、必ず誠意をもってすること。》

私は常日ごろ口にしているように、論語によって安心立命を得て、つまり心を安らかに保ち心を乱されないようにして、論語を日常の行ないの手本にしている。したがって、この「言動は真心を尽くすことを中心とし、行動は情に厚く慎み深いことを重んじ云々」の一節は論語に則《のっと》ったものである。

さて前回述べた奉公ということを細かく解釈してみると、奉公を第一とするには成り行き上、世の中を生きて人に接するようにしなければならない。そうであれば、世の中を生きて人に接するにはどうすればよいか。人として世に生きていく以上は、ただ一人で物事をやり遂げようとしても不可能であり、いろいろなことに触れ、万人に接することによって初めて多くの仕事もできるし、人間としての目的を達することもできるのである。

そうしてみれば、誰でも世の中を生きて人に接するには、個人を基準にしないで世の中と調和し、他人と調和するように心がけなければならない。それには言動を忠信《ちゅうしん》にし、行動を篤敬《とくけい》にするよりほかに方法はないのである。

世の中を生きて人と交わるにあたっては、言行一致を心がけ、言葉遣いはどこまでも忠実にして偽りを口にせず、行為は情に厚く誠実にして、敬意を失わないようにする。そうして、このことが実際に行なわれれば、必ず人から恨みを買うようなことがないだけでなく、かえって人から好ましい人物として慕われるようになるだろう。

言動が忠信で行動が篤敬なことは野蛮な国でも行なわれる

論語に、子張が行ないについて質問した条がある。孔子がこれに答え、「言忠信、行篤《とっ》敬《けい》ならば、蛮貊《ばんばく》の邦《ほう》と雖《いえど》も行なわれん。言忠信ならず、行篤敬ならずんば、州里《しゅうり》と雖も行なわれんや[※①]」と教えられている。この意味を訳せば、言語を忠実信誠《ちゅうじつしんせい》にして行ないを篤実《とくじつ》敬直《けいちょく》にすれば、正義にかなう力はないから野蛮な国でも必ず行なわれるが、もしこれに反することをすれば、たとえ小さな里でも行なわれることはないという意味である。

私もこれは真理だと思う。物事を処理する時期、人と会う場合でも、常に必ず誠心誠意行ない、事の大小にかかわらず人の貴賤を問わず、ひたすらこれに集中するならば、おそらく間違いは起こらず、人から恨みを買うような心配もない。だから誰でも世に処して人と接する際には、この心がけを守らなければならないと思う。ということで、私はこれを論語の一句から拾って家訓中に加えたのである。

【註】※① 言忠信、行篤敬ならば、蛮貊の邦と雖も行なわれん。言忠信ならず、行篤敬ならずんば、州里と雖も行なわれんや◆子曰 言忠信 行篤敬 雖蛮貊之邦行矣 言夫忠信 行不篤敬 雖州里行乎哉――「論語 衛霊公篇 第十五」より。「言動が誠実で間違いがなく、行動が篤実で慎み深ければ、たとえ野蛮な国に行っても思いどおりに行動することができるだろう。言動に誠実さがなく、行動に情がなければ、たとえ生まれ故郷であっても、行動は何も思いどおりにならないだろう」の意。

知識、才能と行動

言動が忠信で行動が篤敬でありさえすれば、人は知識が乏しくても才能がさほどでなくても、必ず重用されるとは断言できない。なぜかと言えば、人の知識とか才能とかいうものはおのおの異なっており、知識と才能の活かし方しだいで物事も成功し、人から重んじられることになる。これは言行とはまったく別のことなので、同様に見て論じることはできない。とくに知識や才能のようなことは先天的に長けた人もいて、普通の人が同じ能力を習得しようとしても及ばないことがあるだろう。

それに対して言行は、それを行おうとしてできないことはない。だから知識や才能がさほどではない人でも、忠信篤敬の言行ができないことはない。だから孔子も、それが広く行なわれる意味で「蛮貊《ばんばく》の邦《ほう》と雖《いえど》も…」と説いている。知識や才能は人それぞれに異なっているので、ある人に対してこれをこうしろ、ああしろと言ったところで、それが必ずしも達成できるとは限らないと思うが、言行であれば誰でもできることであり、かつどこでも行なえることである。

日常の言行を忠実にして、いやしくも嘘をつかないとか、行ないを篤実にして敬意を失わないというようなことは、今から始めてすぐに行なうことができる。行なうことができて、しかもそれは良いことなので、そうしないのは行なわない者の間違いである。円滑に世の中を生きて人に接したいと思えば、当然これを意識することが肝要である。

益友と損友

《処世接物の綱領　三、自分のためになる友を近づけ、自分のためにならない友を遠ざけ、仮にも自分にへつらう者を友としてはならない。》

もともと家訓の主旨は処世接物を中心にしているため、どんなことでも、多くの人に接し交際する際の注意を心得ておかなければならない。交際する友人の中にも良い人とそうでない人が大勢いるに違いないから、友人を選んで交わらなければならないことを説き、同時に益友と交際すればどんな利益があるか、損友と交際すればどんな不利益があるか、これらについても少し述べてみたい。

善友と悪友

益友を近づけ損友を遠ざけるということも、やはり論語によっている。だいたい人を大別すると善悪の二通りにすることができるが、これらは私が説明するまでもなく、善人と悪人のいずれとかかわるべきであるかは誰でも承知していることである。

けれども人間はとかく弱点に付け込まれやすいものだから、物事の善悪は明らかに知り抜いている人でも、どういうものか良いことよりも悪いことのほうに早く染まってしまう。友人についても、善人を友達にするよりも悪人を友達にするほうが面白い。善人の友達は何もかも常識的に、道徳的にやっていくから、変化もなければ興味深くもない。変化や興味を好む人の性質として、そういう人は適していない。

それに対して悪友のほうは、とかく道理も常識もなく、ただ一時的な興味を考えて何でもやってのけるから、こちらのほうが面白い。たとえば自分が酒を飲んで遊びたいと考えているときに、善友ならそれよりも読書したほうがよいと勧めるから、自分の我がままな意志に反するので、たちまち面白くなくなるが、悪友のほうなら、酒でも飲むかと言えばすぐに賛成するばかりか、さらに輪をかけて良くないことを勧めるので、その時だけは確かに面白く遊べる。

だから善悪の区別を知っている人でも、どちらかと言えば善友は遠ざけても悪友は近づけることが多い。「水清ければ魚棲まず」で、善人には友達が少ないけれど、良からぬ人にはやくざな友達がたくさんできるというのも、この理屈である。

友を選ぶ際の心得

しかしながら、友と交際する上で最終的な利益は善友、悪友いずれにあるかと言えば、言うまでもなく善友であることは決まっている。悪友を友にすると不利益になるのに反して、善友を友とすれば利益がある。善友を友とすれば利益があるけれども、悪友を友とすれば損をするばかりだから、昔から益友と損友というふうに区別して、友を選ぶ際には必ず益友に近づき、損友は遠ざけるようにしなければならないと教えている。

孔子は論語にこの益友、損友のことを「益者三友、損者三友、直を友とし諒を友とし多聞を友とすれば益す。便辟《べんへき》を友とし善柔《ぜんじゅう》を友とし便佞《べんねい》を友とすれば損す[※①]」と説いている。正直な者、真面目な者を広く物事に通じた者を友とすれば、自分に益があるものだが、人に取り入ることに巧みな者、人にこびへつらう者、ものの言い方の上手な者と交際すれば、何の益もないばかりか、かえって害になるものであるという意味である。まことに友を選ぶうえで必ず心得ておかなければならない教訓である。

自分にへつらうような者を友としても何の役にも立たないことは誰でもわかっているが、人は短所を他人から指摘されて小言を言われるよりも、たとえ短所があってもそれを言わずに長所ばかりを言ってお世辞で褒められるほうが気持ちがよいものである。だから、へつらわれるのは良くないと知りつつも、知らず知らず疑いを受けるようになるので、常にこの点については明確に区別しておかなければならない。

友達としては自分に会うごとに小言を言われるくらいの者でなければ頼るべきではない。小言は誰でもいやなものなので、正直で真面目な友達でなければ、しいて小言など言ってくれるものではない。だから小言を言うくらいの友達は本当に自分を知ってくれている人、自分のためを思ってくれている人だから、そういう人を選んで交際すれば必ず間違いないのである。

【註】※① 益者三友、損者三友、直を友とし諒を友とし多聞を友とすれば益す。便辟を友とし善柔を友とし便佞を友とすれば損す◆孔子曰 益者三友 損者三友 友直 友諒 友多聞 益矣 友便辟 友善柔 友便佞 損矣――「論語 季子篇 第十六」より。「孔子は言う。自分に益のある友に三様、自分の損をもたらす友に三様がある。直言してくれる者、誠実な者、博識な者は益のある友であり、人に取り入ることが上手な者、へつらう者、言葉巧みな者は損する友である」の意。

へつらいと尊敬

ここで注意すべきことは、尊敬されることと、へつらわれることが、ともすると混同される場合がないとも限らないということである。自分が交際しているたくさんの友人の中には、ことによるとその友達より自分のほうが優れている場合があるだろう。そういうときには必ずその友達は一歩譲って自分を尊敬し、ちょうど同じような兄弟でも兄より弟のほうが下にいるように、何事に対しても謙遜の意を表すに違いない。

たとえば公の会議の席なら上席に据えるとか、大小のものを分ける場合には小さなほうをとるなどというようにするだろうが、これはへつらいとはまったく違うもので、自分より目上の者に対する謙遜の美徳である。それを友達だから構うものかという気になり、自分より優れた者に対してもさらに譲るところもなく、少しも敬意を払わないというふうであれば、それは決して頼れる友達ではない。

尊ぶべきは尊び、譲るべきは譲るというくらいのことを心得ていないような人なら、これは損友として遠ざけたほうが利益になるだろう。だから、これらの意味を十分に考え、へつらうこととそうでないことを区別して友達と交際しなければならないのである。

孔子の教えを疑う

孔子は「己に若《し》かざる者を友とする勿《なか》れ」つまり自分に匹敵しない者を友にしてはなら

ないと説いているが、これはあまりに意義が広すぎると思う。なぜかというと、誰でも自分より優れた人を友としようと願い、自分に匹敵する者と交際しなければ、世の中では友は一人もいなくなるだろう。だから私はこの教えよりも意義の範囲を狭くし、「自分にへつらう者を友としてはならない」と家訓の中に述べたわけである。

もっとも孔子の「己に若かざる者」という意味も、それほど極端なことを言ったわけではないだろう。自分に匹敵しない者に対しては、自分の模範のように頼ることなかれ、というくらいの意味で言ったことだろうと思う。果たしてそうだとすれば、友を選ぶうえでやはり心得ておくべき教訓であることはもちろんである。

敬意と敬礼

《処世接物の綱領　四　人と接するには必ず敬意を表し、宴会で楽しんだり遊んだりする時でも敬意と礼儀を欠くことがあってはならない。》

誤りやすい敬いの一字

この一説は読んで字のごとく、別にこれ以上に深い意味があるわけではない。私は平素、持論として人に対する時には敬意敬礼を忘れてはならないと、人に説いており、実際に自分もこの心で人に接している。しかしながら敬意敬礼ということは極めて簡単なようではあるが、実際にそうしようと思うとなかなか面倒なもので、その度合によってはせっかくの敬意もかえって相手の気を悪くさせてしまうようなきらいがある。

どんな場合がそうかというと、敬意敬礼の態度がいきすぎてしまった時など、その場にふさわしくなければ陰険に思われたり卑屈に思われたり、また、さばけていない人のように見られてしまう。

それと反対の場合は、心では十分に敬意敬礼を失っていないつもりでも、相手に表情から察しられて高慢と思われたり、生意気と思われたり、無遠慮の人間であると思われたりする。親しくする度合によっては、悪くすると虚礼に走り、真情から遠ざかるというふうに、「敬」の字は受け取り方によって非常に難しくなるのである。

だから人に接する際には、よほど念に念を入れて、注意に注意を重ねて、人に誤解されないように、真情を認めてもらうように心がけなくてはならない。

心に敬いを持つ必要がある

社会における多くの人との交際とか、家庭内での書生仲間の交際などを見ると、親しさに慣れすぎて無遠慮になり、敬いが欠けてはいないかと疑われるほど乱れていることがある。互いに名前を呼ぶにも、井上、渋沢、というふうに呼び捨てにし、応答の礼儀も表面から見れば、あれでも互いに敬意を心得ているのかと思わせるようなことがある。

しかし、そんな場合でも心の底に敬意を持つのと持たないのとでは、どことなく違って見えるもので、こんな時にはかえって互いの情が深いことが偲ばれる。だから実際には殺風景な応答でも、何となくその中に温かみがあって美しく見えるものである。であれば敬意敬礼ということは、必ずしも形の上に表わさなくても、胸の中に溢《あふ》れるほどの情さえあれば、言葉や動作が馬鹿丁寧である必要はないだろう。とはいえ、それも本当の心が相手に通じる程度にするべきで、初対面の人とか、まだ互いに性格を知らない間柄の人などには、もちろん普通に敬意敬礼を表わす必要がある。

しかしながら、本当に敬意を持っていない者が形ばかり相手を敬うような態度をしても、それはかえっておかしなものになってしまう。その態度に何となくわざとらしい浅はかな様子が見えるので、自分が相手を敬っていると思わせようとしても、相手はかえってその気持ちになることができず、その軽薄さをたちまち見破られることになる。

とにかく信実な心を持って、少しでも敬いの意をいい加減にしなければ、対応のしかたは多少粗野《そや》でも、礼儀や態度に不慣れな部分があっても、相手に悪い印象を与える恐れはないものである。だから形式は二の次として、心に深く「敬」の一字を刻んでおくことが何よりも大切なことだと思う。

敬いは普遍的なものである

次に心得ておきたいのは、人によって敬意敬礼のしかたを変えるのはよくないということである。自分より身分の高い人とか目上の人などに対しては誰でもおのずと敬意敬礼を失わないものだが、ともすれば自分より身分が低い者や若輩者に対しては敬意敬礼を失いやすいものだ。

しかし、これは大きな誤解である。人に身分の上下、貧富の差、年齢の長幼はあるが、対等な人間という意味から解釈すれば、その間に差別はないはずである。だから私は平素、人によって礼儀を区別せず、どんな階級の人に対しても心に「敬」の一字を忘れずに対応してきた。誰でもこの心を持ってもらいたい。

もっとも誰でも本来対等なはずだからといって、王様のような人と接する時も、身分が一番低い人に対する時も、みな同じような礼儀と敬意を持ってよいと言うのではない。言うまでもなく、その人に応じた敬意敬礼が必要なので、どんな場合でも同じような方法でいけというわけではなく、どんな人に対しても、ただ「敬」の一字を忘れてはならないということである。

たとえば年少者に接する場合、こちらがどこまでも下に出て敬うようなことは、せっかくの敬意も敬意にならず、むしろ馬鹿げた真似と受け取られることになる。それよりも、自分はあなたよりも目上であるという気持ちを持たずに、年少者として敬う心を持てばよいのである。

年少者であっても、こちらが最初から馬鹿にしてかかれば相手の気分を害する。そうはせずに、教えるべきことは教え、聞くべきことは聞いてあげるというふうにするのが年少者に対する敬意である。このようなことは極めて簡単なことであるだけに、世の中の人々は往々にして勘違いをしているようなので、心がけて対応のしかたを誤らないようにしてもらいたいものである。

宴席や遊びの際にも敬いを欠いてはならない

もう一つ注意しておきたいのは、酒宴の席や遊びの時であっても必ず敬礼を失ってはならないということである。人はだいたい初対面の人と会う時は儀式の時などには、別にその心がけを持たなくても敬いを失うようなことはめったにないが、親しくなるにしたがい、互いに心に隔てを置かない酒宴の席、遊びの場合などには、まったく敬意を忘れ、時には乱れてしまうことがないとも限らない。だから私は、とくに酒宴の席や遊びの際には敬礼を失ってはならないと強調しておきたいのである。

深く考えてみれば、誰でも普段の交際でわざと敬意を欠き、礼儀を失するようなことはほとんどないと言ってよいが、酒宴の席や遊びの際に限ってそういうことがとかくありがちなものである。そういう場合は誰でも心を緩めているから、つまらないことから間違いが起こりやすい。だから、酒宴の席、遊びのような場合は、ことさらこの点に注意しなければならない。人は慣れれば慣れるほど、心を固く持つことが非常に大切なのである。

一つのこと、一つの物にも精神的であれ

《処世接物の綱領　五　そもそも一つの事を行ない一つの物に接するにも、全身の精神を傾け、取るに足りない小さなことであっても、その場しのぎにしてはならない。》

大きな物事、小さな物事

この項は、そもそも一つの事を行ない、一つの物に接するに当たって、その大小軽重にかかわらず、必ず一意専心すなわちよけいなことを考えず、それに集中して取り組むような心を持たなければならないことを説いたものである。

とかく人は大きなことを行なおうとするときは、十人いれば十人ともに慎重な態度で取り組むが、小さなことに対しては初めから馬鹿にしてかかる傾向があり、「やり損なって

も大したことではない」などと、ほとんど問題にしていない。これは大きな考え違いではないだろうか。事には小さなものと大きなものがあり、物にも大小の違いがある。小さな物事が集まって大きな物事になるのだから、小さな物事だからといって軽視することはできないはずである。

小さな物事を軽視せず、やはり大きな物事に接する時と同じように心を集中して臨めば、おそらくやり損ないや手抜かり、見込み違いなどの問題は起こらないはずである。ところが世の中の人々は往々にして、これは小さなことだから放っておけ、これは取るに足らないことだからかまわない、というふうな心で、まるで自分がすべき以外のことであるかのような扱いをするのは、非常に誤ったことだと思う。だから私は、とくにこの一事に注意を払い、何事に対しても軽率に行なってはならないと家訓に加えたのである。

仕事も精神的であれ、遊びも精神的であれ

私は普段、努めてこの主義を守っているつもりである。たとえば一通の手紙を書く時で

も、筆を執って紙に向かっている間はそこに精神を集中し、他のことは決して思ったり考えたりしないようにする。とくに手紙のようなものは人を相手にする仕事で、口で言う場合には間違ったことを言っても、すぐに取り消して相手に悪い印象を与えないようにできるが、手紙に書いたことはそうはいかない。だから手紙などを書く場合には、とくに注意に注意を重ねてやらなければならない。

世の中の人々が手紙を書くことなどに精神を込めるのは馬鹿げたことのように思っているのは、思い違いもはなはだしいことである。とにかく私は一事一物に接するにも必ずそれに精神を込め、小さなことだからよい、取るに足らないことだからかまわないというような、大ざっぱでいい加減な考えを持たない習慣を身に付けることを世の中の人々に勧めたいのである。

自分が物事に接して精神を込めるということは、仕事の上だけでなく遊びや娯楽の時であってもやはり同じ態度をとるのである。遊ぶ時にも満身の精神で打ち込むというのはちょっとおかしいような気もするが、「能《よ》く努め、能く遊ぶ」という諺《ことわざ》があるように、働く場合に十分に精神的に働いたならば、遊ぶ場合もまた仕事の疲労を癒《いや》すように十分に遊ぶのがよい。遊ぶ時に十分に精神を込めて遊ばないような人は、決まって働く時も十分に精神を込められるものではないと思う。だから私は仕事の上では、事の大小軽重の区別なく精神を込めて行なうと同時に、遊ぶ時にも精神的に遊ぶようにしてきた。

その事に心を集中せよ

さて、どんなことでも、一つの物事を満足にやり遂げようとするには、心を集中すること以外に方法はない。心を集中して一つの物事に接すれば、その物事以外のことはできないが、ある一定の時間に一つの物事を完全にやり遂げればそれでよいわけである。したがって、心を集中しないで多くの物事に手を付けてしまうから、それで一つも満足にできないという結果になる例はしばしばあることだ。

どんなことでも一つの物事に対して心を集中すれば、そこに精神が籠《こ》もるから、そのことは必ずやり遂げられるものである。大きな事に当たってはもちろん、小さな事、取るに足らない事であっても、この心がけを忘れてはならない。諺《ことわざ》に「兎を追うにも全力を用う」というのがあるが、私が述べていることと同じ喩《たと》えである。心を込めて取り組む習慣を身に付ければ、大きな事はおのずとこの習慣によって解決される。すべて世の中のことは、大きな事に心を使うよりも、まず小さな事に集中することが最も大切であると思う。

本当の幸福

《処世接物の綱領　六　裕福であっても驕《おご》り高ぶってはならない。貧しく身分が低くなるとしても思い悩んではならない。ただ知識を身につけ徳のある行ないをすることにより、本当の幸福を得るように期すること。》

幸福は貧富によってもたらされるのではない

この一節も論語から趣旨を拾ったものである。本当の幸福とはどのようなことを指しているか。また本当の幸福はどのようにして得るべきなのか。次に少しこの説明を試みよう。だいたい幸福という一言にも、一時的な幸福もあれば、永遠に続くような幸福もある。

同じ一語でも解釈はいろいろと付けられるけれども、ここでは人生において最期《さいご》まで続く幸福を指しているので、これを他と区別して本当の幸福と称したのである。

さて、本当の幸福とはどのようなものだろうか。富貴《ふうき》つまり財産があって身分が高いことは必ずしも幸福ではなく、貧賤《ひんせん》つまり貧しく身分が低いことは必ずしも不幸ではあるまい。富貴で物質的な欲望では何一つ不足のない人であっても、人生の目的である知識を磨き、徳行を修めることを忘れていれば、その人が裕福で身分が高いことは、むしろ幸福ではないのである。これに反して、貧賤であっても人間として歩むべき道を歩み、行なうべきことを行なっていくならば、貧賤であっても、むしろ幸福な人と言わなければならないだろう。

だから人生における本当の幸福は、富貴であることと貧賤であることによって、幸不幸を分けるべきものではない。智と徳とを修め、これを磨くことによって、そこに本当の幸福がやってくるものであろうと思う。

孔子の教え

論語の中で孔子が富貴に対する見解を述べており、「疏食《そし》を飯《くら》ひ、水を飲み、肱《ひじ》を曲げて之《これ》を枕とするも、楽亦《また》その中に在《あ》り」ということがある。これは貧賤を慰《なぐさ》めたものだが、それほど貧賤であっても人間の道さえ歩んでいれば、楽はその中にもあるのである。けれども、これは貧賤でも道さえ違《たが》わなければ幸福であると言ったところで、富貴であるうえに一層徳を修め、智を磨くならば、これに勝る幸福はないだろう。

孔子もこの貧賤について述べられたことがある。ある時、弟子の子貢が、「貧しくして諂《へつらい》なく、富みて驕《おご》る無きは如何」と質問したのに対して、孔子が教えて言うには「可也、未だ貧にして楽《たのし》み、富みて礼を好む者に若《し》かざる也」とのことであった。人は貧しくなればへつらうことが多く、富めばおのずと驕《おご》るというのが世の常であり、貧しくてもへつらわず、富を得ても驕らないのは、優れた見識の持ち主でなければできないことである。

しかしながら孔子はそれ以上にはっきりと、貧賤を意に介さず人間の行なうべき道を行ない、富貴になっても驕らず、さらに礼を忘れない者でなければならないと言った。行ないも順を追って進歩するものであることを知ることができ、非常に面白い教訓だが、人は当然、誰でもこの心がけであってもらいたい。

本当の幸福を求めよ

とかく人の心は富貴と貧賤とによっていろいろと変わりやすいものだが、結局そういう人は人が守るべき道を行なっていない者であり、知識を磨き徳行を修めることを怠っているのである。

人が尊ぶべきものとして、富貴よりも貧賤よりももっと大切な、人道というものが別にある。これを失わないように努めさえすれば、本当の幸福は必ずその人の身辺に集まるだろう。富貴と言い、貧賤と言おうとも、それは結局、人々の心がけしだいであり、自分の力しだいで得られもし、失われもするものである。現在貧賤な者でも、努力すれば五年十年ののちには富を得ることができるだろう。もし現在富貴な人でも、心の持ち方しだいでは五年十年たたなくても貧賤となってしまう。

このように集め得られ、また失うことも早い富というものを当てにするよりも、さらに永久であり普遍的な人間の道に向かって徳行を積むことに努めなければならない。そうであれば現在、自分の家が富貴な者ならば、それに驕らずにますます礼を好むように心がけ、もし自分の家が貧賤であるとしても、それを憂えることなく道を楽しむようにするのがよい。そうすれば、人生における本当の幸福がおのずとそこにあるのである。

原因を先にして結果に及べ

貴賤というようなものは結局、結果的なものである。それよりも先に、その結果を長じる原因を考えなければならない。原因さえ良いものであれば、結果は必ず良いものであるに違いない。ところが人間の弱点として、一般に原因を考えずに結果を先に見たがるものである。じつに本末転倒もはなはだしいのではないだろうか。

知識を磨き徳行を修めるということは、人生において本当の幸福を得るための要因である。この要因さえ誤らずに押し通すことができれば、結果である富貴もそれに連れてやってくるものであることは明らかな理屈であろう。しかしながら世の中には、時には不義な行ないをしても富貴な者がいる。これは原因と結果の理《ことわり》から外れたものではないだろうかという疑問も起こる。孔子も「不義にして富み且《か》つ貴きは、我に於いて浮雲の如し」と述べている。

それは本当の富貴でもなければ幸福でもない。だから貧賤であろうともそれを意に介せず、富貴ならばなおさら驕り高ぶって人を侮《あなど》るような心を持たないようにして、ただ知徳を修めることに専念し、それが結果的に本当の幸福を得ることになるように努めなければならない。

口舌は禍福の門

《処世接物の綱領　七　よくしゃべることは、災いも幸せも招くもとになる。だから、ちょっとした言葉遣いにも分別をわきまえなくてはならない。》

多弁はよいが虚言は悪い

諺に「口は禍《わざわい》の門なり」というものがある。軽率に口を開けば思わぬ禍を招くから、気をつけて話さなければならないという戒《いまし》めだが、私はこれだけでは物足りないと思う。口舌はただ禍の元であるだけでなく、口を開いたために福を招くこともある。

だから、単に口舌は禍の門だと言って、福の門であることを言わないのは説明不足だと考えるので、私はこれを改めて「口舌《こうぜつ》は禍福《かふく》が生ずる門」とした。しかしながら、このことをいい加減にすることによって禍と福との差を生じるわけだから、何気ない一言であってもみだりに口にしてはならないという点に注意を払ってもらいたい。

かの司馬温公《しばおんこう》※①が処世のことを説いた中で「妄語《もうご》せざるところより生ずる」と言っている。すなわち私が言う「片言隻語《へんげんせきご》必ズ之ヲ妄《みだり》ニスベカラズ」に当たるもので、言葉はいかに多く口にしても、妄語つまりいい加減なことを言わなければ決して害があるものではない。

もともと言葉は人と人との間で意志を通じさせるために、必要に応じて生じたものだから、これがなければ人生のさまざまなことも話すことはできない。それだけ役に立つものであると同時に、ある面では大きな禍の原因にもなるものだから、平素から言葉の使い方に注意し、役に立つ言葉は十分に話し、いい加減な言葉はどこまでも慎まなければならない。

※① 司馬温公（しばおんこう）◆司馬光（しばこう一〇一九～一〇八六）の別名。中国北宋時代の儒学者、歴史家、政治家。

確信のある言葉は大いに必要である

私はふだんから多くしゃべるほうで、さまざまな場合に口を出し、あるいは演説なども頼まれればどこでも行なうので、知らず知らず言いすぎることがあって、人からしばしば揚《あ》げ足を取られたり笑われたりすることがある。しかし、いかに上げ足を取られようとも、私が一度口にして言う以上は、必ず心にもないことは言わないという主義である。したがって、自分自身ではいい加減なことを言ったとは思っていない。あるいは世の人々にはいい加減と聞こえる場合があるかもしれないが、少なくとも自分は確信のあることを口にしたつもりでいる。

口舌は禍の門であるだろうが、ただ禍の門であるということを恐れて固く口を閉じていたら結果はどうなるだろう。大切な時に大切なことを言う場合、できるだけ意志が通じるように言葉を使わなければ、せっかくの大切なこともかえってうやむやになってしまって理解されないことがある。

それでは禍のほうは防ぐことができるとしても、福のほうはどうやって招いたらよいのだろうか。口舌の使い方しだいで福もやってくるものではないか。もちろん多くしゃべりすぎることは感心しないが、無言でいることもまた大切なことではない。この世において言葉を話せない状況で、どんなことを説明することができるだろうか。

口舌から福祉が開ける

私のような者は多くしゃべるために禍もあるが、これによって福もやってくる。たとえば沈黙していてはわからないのだが、ちょっと口を利いたために人の困難を救ってあげることができたとか、あるいはよくしゃべることが好きだから、何かの場合にあの人に頼んで口を利いてもらったらいいだろうと人に頼まれて物事の調停をしてあげたとか、あるいは多く話すためにいろいろな仕事を見つけ出すことができたというように、すべて口舌がなければこれらの福はやってこないものだと思う。

そうしてみれば、これらは誠に口舌から得られる利益である。口は禍の門であるとともに福の門でもある。芭蕉翁《ばしょう》※②の句に「ものいへば唇《くちびる》寒し秋の風」というのがある。これもようするに、口は禍の門ということを文学として表わしたものだが、こういう具合に禍のほうばかり見ていては、あまりに消極的になりすぎる。極端に言えば、ものを言うことができないことになる。それでは、あまりに口舌の範囲が狭すぎるのである。

口舌はじつに禍の起こる門でもあるが、またそれによって福祉、すなわち世の中に幸福をもたらすことができる門でもある。だから、あえて福祉のためには多くしゃべることが悪いとは言わないが、禍が起きるほうに向けては言葉を慎まなければならない。ちょっとした言葉も決してみだりに使わず、禍と福が分かれる部分を考えて話すことは、誰にとっても忘れてはならない心得であろう。

【註】※② 芭蕉翁◈江戸時代前期の俳諧師《はいかいし》・松尾芭蕉（一六四四〜一六九四）。

成功論

いわゆる成功観

いま一般社会でよく言われる「成功」という言葉の意味について、一言で説明すれば、着手した事業が都合よく進み、しかも利益が見込めることで、世の中にも利益があるとともに自分も富を得るというようなことを指していると思う。一身上から説明すれば、田舎から東京に出てきて立派な商店の主人になったとか、官吏として相当の地位に就いたなどということも、やはり成功として数えられるのである。

もっとも官吏としての立身出世は、現在の成功という言葉に当てはめるとあまり適切ではないようだが、局長となり、大臣となり、士官となり、大将となるというくらいに出世し、名前も上がり、富も位も高くなれば同様に成功である。しかし実業界の人に、より多くこの成功という言葉が使われている。

たとえば銀行や会社の発起人となって、この設立に力を尽くし、創立後に重役となって活躍しているうちに、株式が次第に上昇して名声や信用が高くなったなどの例がある。さらに卑近な例で言えば、ある投機目的の人物が株式の売買や鉱山の発掘などによって巨万の富を得て、世に言う「成金屋」の列に加わり、その金を失わずにやり通したというようなことなども成功と言う。

以上のような事実を通して成功の意味を観察すると、世の多くの人は物事について以上に述べたような結果を得た者だけを成功と言い、その他の例については考えていないようである。そうであれば成功とは、富と位と事業の成就だけを指すことになってしまうが、私はこれらのことだけが成功であって、その他に成功がないとは必ずしも思っていない。

成功を論じるには、結果がどうであったかだけに注目せずに、その人が経営した事業の過程について、その理由や順序を詳細に検証しなければならないことだろうと思う。

批評を誤った成功論

富を得るに至った方法、あるいは官吏として地位を得るに至った過程が道理に欠けることなく、正義を失わず穏当な行動によって発展、進行したものであれば、私はそれが本当の成功だろうと思う。ところが世の中は複雑で忙しいことばかりで、一応の道理で万事を押し通すことができない場合がある。

たとえば、ある人が行なうことがすべてその道理にかない、一つの欠点もなかったとしても、時には不運な一生を送ってしまうこともある。それに反して、正当ではない手段ではなく、識者が同列に並ぶことを恥とするようなことをする者でも、幸運に一生を送る場合もある。

これを現在の成功論によって評価すれば、前者を失敗者として後者を成功者とすることになるだろう。これはじつに結果にのみこだわったことによる弊害であり、不公平極まると言わなければならない。

実業上のことは明確な区別をつけることはできないが、中には道理に合わないことをして富んだり、正しい道を踏まずに蓄財した例もある。だから人の成功、失敗は、必ずしも成敗だけで論じることはできない。

もし成敗だけで成功や失敗を論じるならば、人はおのおのその結果にばかり重きを置くようになり、目的を達するには手段を選ばないという考えから、人に隠れて悪いことも行なってから正義に戻るようなこともできて、ついには奪わずんば飽かずの心境に至るだろう。そうして、社会の風潮がそうなったらどんなものだろうか。道義の考えはどこかに消えうせ、野獣性が人の理性を支配して、社会の安寧《あんねい》秩序はまったく打破されることになるのは火を見るよりも明らかである。このような結果を生むことになるものを、どうして成功を言うことができるだろうか。

思うのだが、本当の成功とは「道理に欠けることなく、正義に外れず、国家社会に利益を与えるとともに自分にも利益がある」ものでなければならない。言い換えれば、一時の成敗がどうであるかにかかわらず、その内容に重きを置いて論じられなければならない。

「成敗を以て英雄を論じる勿れ」というのは古人の優れた格言だが、これは敗れた者に対して善悪もわきまえずに失敗者と決めつけ、勝った者も同様に善悪の別なく成功者とする謂《いわ》れのないことに注意を促す言葉である。

だから実業界のこともやはりその通りで、巨万の富を築いたからといって必ずしも成功者ではなく、窮地にさまよっているからといっても必ずしも失敗者ではない。富むに至った過程、敗れるに至った過程がどのようだったかによって、初めて成功と失敗とがはっきりと分かれるものであることを忘れてはならない。

成功論者に警告する

私はこの意味を拡大して、広く世間の実業家にこの考えを持たせたいと思う。すなわち道理に基づいたことを行なって失敗したとしても、その人をあざ笑わないだけでなく、むしろ称《たた》え上げ、もし不正なことをして富を得、地位を上げた者がいても、決して成功者ではないという観察眼を社会の人々に持ってもらいたい。そうなれば、不正なことで富や地位を得ても社会からは尊重されないことになり、正義を通して失敗したとしても、その人は社会で重んじられることになるだろう。

さもなければ、現在のような成功論が一般社会に認められることになっては乱臣賊子《らんしんぞくし》、つまり国や会社を乱す者や親に背く子供が世にはびこり、とくに実業界のような世界は不道徳な者、徳義のない者が我がもの顔にのさばることになるに違いない。とにかく、成功者と失敗者の分別もなく玉石混交《ぎょくせきこんこう》して同一に論じられることになれば、道理のなさ、信用のなさ、徳義のなさなどは判別がつかなくなる。このようになっては、将来の実業界を教育していくにも非常に困ったことになるだろう。なぜかと言うと、道理にかなわず、徳義心がなくても金持ちになった者でも、社会は憎まないようになるからである。だから、成功を願う者、成功を論じる者は深くこのことを心に置いて、その判断を誤らないようにすることが大切である。

成功も失敗も意に介さないこと

天道は正義に与《くみ》する

現在、大実業家と言われ、富豪と目される人々は、その身分と地位を築くまでにさまざまな経路を経て人から羨望されるまでになったのだが、その中にはよく聞く批評とは別に、時には人の身を攻撃することまでする者が少なくないようである。世の中の人々はこのような人を例にとって「悪人でなければ成功はしない。今の世では悪人が栄えて善人は亡ぶ」などと言い、廉恥心を尊重する学生などには、実業界に入って活動することを懸念する人もいると聞く。

「天道《てんどう》是か非か」※①、つまり正しい道理を示す天の道などあるのだろうか、というのは古人の天命に対する疑いの言葉だが、今の世にも果たしてそういう現象が存在するだろうか。善人が滅んで悪人が栄えるというのは、本当に事実なのだろうか。この問題に対して世の人々はどんな解釈を下すのか知らないが、私は「そうではない」と断言してはばからない。

これは世の人々が観察を誤っているのであり、私はいまだに善人が滅んだことを聞いていなければ、悪人が栄えたのを見たこともない。私のこれまでの観察では、世の人々が悪人と見なす者が成長するとともにいつの間にか善人になっており、かつてよくない方法で蓄財に熱心だった者でも、今では善人としての行ないを守る人になっている。私はそのような例を見ているので、まったく天道というものがあると確信して疑わない。

ともすれば世の中には、悪いことをしても、またその報いを受けても得意そうにしている者がいる。けれども、悪事によって得た幸せは決して続くものではない。たとえ物質的に困り果てて落ちぶれることがないとしても、精神的には社会から葬られるのである。人間の真心である良心はいつでもどこでも明確なものだから、たいがいの人は、たとえ悪いことをしていても、あるとき突然心を改めて善人となることが多い。

悪事を働いて金を儲けたように世間から思われている人々は、あるいは一時そう言われるようなことをしたかもしれない。詐欺のような手口を使ったり、賄賂《わいろ》でその筋をごまかしたりして一攫《いっかく》千金を得た人の例は世間に少なくないから、富豪はすべてそうして金を蓄えたものだと世間から見られるのも無理はない。しかし人間はいつも悪事を行なって平気でいられる者は少なく、一時は悪人と見られた者でも、前述したように良心に省みていつの間にか善人となってしまうものである。

そうであれば、一時は悪人であったにしても、それを後悔して善人になり、よい行ないを積み上げてそれまでの悪事を補うものであれば、「過《あやま》って改むるに憚《はばか》ること勿《なか》れ※②」、つまり過ちを犯したならば、ためらうことなく改めよという教えどおり、もはやその人の罪を責めるまでもないではないか。

しかし、いつまでも後悔せず、まったく悪人のままで終わろうとする者がいるならば、それは道理上、滅びなければならないものだろう。天地の間の物事は正当に行なわれている。天道はいつも正義に与《くみ》するものである。

【註】※① 天道是か非か（てんどうぜかひか）◆中国前漢時代の歴史家司馬遷が、自身にふりかかった理不尽さを嘆いて記した言葉。
※② 過って改むるに憚ること勿れ（あやまってあらたむるにはばかることなかれ）◆「論語」学而篇より。

人としての務めに背いてはならない

悪運という言葉をよく人は口にするが、世の中にはこの悪運が強くて成功したかのように見える人がないでもない。しかし人を見る時に、単に成功とか失敗とかを基準にすること自体、根底から誤解しているのではないか。そもそも人は「人としての務め」すなわち「人道」を基準にして自分が生きていく道を定めなければならない。誰でも人としての務めを念頭に置いて、道理にかなったことを行なって世の中に対処し、そこで自分の身を立てていくことを理想としてもらいたい。

世の中で言う成功失敗のようなことはまったく問題外で、仮に悪運に乗じて成功した者がいようが、善人でも運悪く失敗した者がいようが、それを羨んだり悲観したりするには当たらないではないか。ただ人は人としての務めをまっとうすることを心がけ、自分の責務を果たしていけば、それで十分に安心できるはずである。成功失敗のようなことは、言ってみれば真心を込めて物事を成し遂げた人の身に残る糟粕《そうはく》、つまり酒の絞りかすのようなものである。

これについて面白い話がある。それは私の少年時代に父が戒めの例話としてたびたび語り聞かせたものだが、その頃、私の実家の近くに非常に正直で真面目な勉強家の爺さんが住んでいた。この爺さんは非常な働き者で、朝は四時に起き、夜の十二時には寝るというぐらいに、年中絶え間なく家業に精を出していたが、その結果、相当な金持ちになった。けれども彼は貧乏な時と同じ気持ちで、金ができたからといって分不相応な贅沢な暮らしをするようなことはなく、相変わらず朝から晩まで働き通したので、近所の人は何が楽しみであんなに勉強するのだろうかと、かえって不思議に思った。そこである人が、この爺さんに「あなたはもうだいぶ財産を蓄えたから、いい加減にして老後を遊んで暮らしたらどうか」と尋ねた。すると爺さんは「勉強して自分のことを整えていくことほど、世の中に面白いことはない。私は働くことが何より楽しい。働いていくうちに楽しみの粕ができる。これは、世の中では金銀財貨のことだが、私は自分が死んだあとに残る粕など無意味なものだと思う」と言ったそうである。

これを野暮な人の話として捨ててしまえばそれまでだが、この何気ない話の中には無限の教訓が含まれていると思う。そのように父がしばしば私を戒めたことは、今になってなるほどと思い当たることがあるのだ。要するに現代の人は、ただ成功や失敗ということを眼中に入れて、それよりもっと大切な天と地の間の道理を見ていない。人としての務めを忘れている。彼らは実質を生命とすることができずに、糟粕に等しい金銀財貨を主としている。これらの人々は、この無学な爺さんに対して恥ずかしいとは思わないのか。

運命と知力

広い世間には、成功するはずだった者が失敗した例はいくらでもある。知者はみずから運命を作ると聞いているが、運命だけが人生を支配するものではなく、知恵がこれに伴って初めて運命を拓くことができる。どんなに善良で高い徳が備わった人でも、知力が乏しいために、いざという場合に機会を逃すようなことがあれば成功の見込みはない。

たとえば豊臣秀吉と徳川家康の例がこのことをよく証明している。秀吉が八十歳の生涯を保ち、家康が六十歳で死去したらどうであっただろうか。天下は徳川氏の手に渡らずに、豊臣氏万歳ということになったかもしれない。ところが数奇な運命は徳川氏を助け、豊臣氏に禍《わざわい》した。

単に秀吉の死期が早かっただけでなく、徳川氏には名将や知恵のある臣下が雲のように集まったが、豊臣氏は淀君という秀吉の寵愛を受けた妾が権威を欲しいままにし、十五、六歳の遺児を託すことができる忠義に厚い片桐且元《かつもと》は退けられ、かえって大野治胤《はるたね》とその子が重用されるという有様である。これに加えて石田三成の関東征伐は豊臣氏の自滅を促す好機を作ってしまった。

豊臣氏が愚かなのか、徳川氏が賢かったのか。私は徳川氏が三百年近くもの太平の世を作るような、覇者としての偉業を成し遂げることができたのは、むしろ運命がそうさせたからであったと判断する。しかし、この運命をどう捉えるかが難しい。普通の人は往々にして、好機としてめぐり合った運命を活かすだけの知力を持たないものだが、家康のような人物はその知力によって、やってきた運命を活かしたのだ。

とにかく人は、誠実に努力し勉強に励んで運命を待つほうがよい。もし、それで失敗したら、自分の知力が及ばなかったためだと諦め、また成功したら知恵が活かされたとして、成敗にこだわらず天命に安んじればよい。このようにして、失敗してもあくまで勉強するならば、いつかは再び好機となる運命にめぐり合う時がやって来る。

数十度の合戦に連戦連敗の家康が最後の勝利を得たではないか。人生の道筋はさまざまであり、ほとんど一律に論じることはできないから、時に善人が悪人に負けるように見えることもあるだろうが、長い間に善悪の区別ははっきりとつくものである。だから、成功に関する是非善悪を論じるよりも、まず、みずから誠実に努力すればよい。公平な天は、必ずその人の幸いとなるように働きかけ、運命を開拓するように仕向けてくれるだろう。

まず道理を明らかにせよ

人は何よりもまず道理を明らかにしなければならない。道理は天における日月のように、終始明らかなものだから、道理に従って事を行なう者は必ず栄え、道理に背いて事を図ろうとする者は必ず滅びることになると思う。

一時の成功や失敗などは長い人生、価値の多い生涯における泡のようなものである。しかし、この泡のようなものに憧れて目前の成敗だけを論じる者が多いようでは、国家の発展や進歩も思いやられる。そのような浮ついた考えは一掃して、社会に処して実質のある生活を送るほうがよい。

もし成敗にこだわらずに超然と立ち上がり、終始一貫、道理に則《のっと》って生きていくならば、成功や失敗のようなことよりも、それ以上に価値のある一生を送ることができるだろう。言うまでもなく成功は、人としての務めをまっとうしたことによって生じる糟粕であることにおいては、なおさら意に介すほどのことではないではないか。

迷信

迷信と信仰

以前、私は「道理」について信じていることを述べたので、今回はそれに関連する「迷信」ということに関して、少し思うことを説いてみたいと思う。元来、私は迷信など信じていないから、この問題に対しては極端に論じることができる。

しかしながら、ともすればその事実が迷信であるか、それとも迷信ではなくて信仰であるか、どちらとも区別しにくい場合がある。そういうときに際して、はなはだ判断に迷わされることがある。最初から迷信であるとわかれば瞬時《しゅんじ》に除外して退けることができるが、迷信の中にも「信仰」という貴重な性質をもつ要素が含まれているので、迷信と言っても一概に退けることはできない。すなわち迷信を捨てると同時に信仰をも捨ててしまうということになる。信仰を捨ててもよいとは言えないのである。

私は平生、孔子の信仰はしているけれど、一心に「弥陀仏」とか「神」を信じればよいとは思わない。一から十まで何もかもありがたがってしまえば、結局それは迷信になる。前に言った信仰とは大きくその性質が異なっていると思う。言い換えれば信仰にも二種類あって、迷信を含んだ信仰と道理に合った信仰とがすなわちそれであるが、私は後者の信仰は持つけれど、前者の信仰を持つことはできない。

だから平生、自分には迷信がないと同時に、迷信は人を惑わせるものだから良くないことだと言っている。したがって、世の人々から迷信的な談話などを聞かされることがあっても、極端にそれに反対し、またその説を打破しているのである。

迷信に対する幼年時代の私

この思想は私が少年時代からこんにちに至るまで一貫して変わらない。今もなお記憶しているが、私が十五歳のとき迷信を打破してやったことがあった。その頃、姉が発狂して、十九歳という妙齢の女性でありながら暴言を吐き、暴行をあえてするというふうに状態が激しかったから、両親はもちろん自分も少年ではあるが非常にこのことを心配し、常に精神を患った姉に悪口を浴びせられながら、そのあとについて歩いていたほどだった。

ところが、同様に心配してくれた親戚の人々のうち伯母、すなわち父の生家の奥方は大の迷信家だったから、ときどき来ては修験者を招いて祈祷してもらってはどうかと勧めた。けれども父はそういうことが嫌いだったから、それよりも病人に滝を浴びせたほうがよいと言って、姉を連れて上州の室田というところへ行った。すると、その留守中に母はとうとう伯母に勧められて、それでは祈祷をしてもらってみようということになった。そのとき、私は少年ながらこの行動に賛成することができなかったから、反対の意志表示をしたが、もちろん取り合ってもらえるほどの資格はまだなかった。

さて「遠加美講《とおかみこう》※①」の修験者が二、三人来て、いよいよ祈祷《きとう》を始めることになったが、それには中座というものが必要だから、この役目にはあまり利口でない人のほうがよいとのことで、最近雇い入れた飯炊き女を振り当て、この女性に目隠しをして幣束《へいそく》つまり神前への供え物を持たせて修験者が祈祷する中央に端然と座らせた。このとき私は何か機会があったら彼らの行動が偽物《にせもの》であることを暴露してやろうと考え、そのきっかけが見つかるのをいまかいまかと待っていた。

やがて祈祷が進むにしたがい、中座の女性は持っていた幣束を少し高く振り上げたので、修験者はいよいよ神が降りられたのだと言って、その女性に対して恭《うやうや》しく平伏し、そして神様のお告げを伺った。ところが飯炊き女がさも真面目に告げて言うには「この家には無縁仏があって、それが祟《たた》りとなって病人に現われているのだ。さっそく祠《ほこら》を建てて十分に供養するがよい」と言ったので、伯母はただちにそれを信じ、「そういえば去年、この家から伊勢参宮に出たきり帰らない人がいると聞いていたが、お告げの無縁仏とはこの人のことかもしれない。何と神様はあらたかなものでないか」などと早くもそういうことにしてしまった。

ところが自分にはそれが一つの疑問の種となったので、中座の女性に向かって「それは、だいたい何年頃のことですか」と問いただした。女性は「七十年ばかり前」と答えた。私が「神様なら年号もご存知でしょうが、それはどんな年号ですか」と聞いたら「天保三年である」と言った。ところが、その天保三年はその頃から起算してわずかに二十三年しか経過していないので、私はただちに反論して「神様なら年代の計算ぐらいできないはずはないが、いま目の前でこんな嘘をつくから神様でも何でもない」と詰問した。すると修験者は返答に窮して「神様が乗り移らずに野狐が来たのだろう」と言い、おせっかいな子供だと言わんばかりに私の顔を眺めたが、伯母は横から「そんなことを言うと神様のバチが当たる」などと言っていた。

しかし、自分は迷信を打破して十分に勝利を得たので心の中では得意だった。思えば、そのとき修験者たちは最初からその女中に耳打ちしていたのだろうが、ただちに露見するような虚偽によって愚かな人々を欺くとは、迷信から生じた弊害もまた少なくないことだと思う。

【註】※① 遠加美講◈修験道の信仰集団（結社）の一つと思われる。

迷信から起こる弊害

世の人々がよく言うことだが、柳の古木が祟りを起こすとか、庭に稲荷の祠があるためにその家に病人が耐えないとか、古い刀剣が邪魔をするなどと言って迷信に陥る場合がある。もし仮にそういうことがあったとしても、それは道理によって律すべきものではない。ましてや、そういう不可思議なことが存在すべき理由がないので、これらのことは何とかして世の愚かな人たちにそんな迷信は存在しないということを悟らせたいものである。

柳が害を及ぼすと言って柳を祀ったり、稲荷《いなり》の社を造営したり、あるいは刀剣を礼拝するくらいのことで祟りがなくなればまだしも、迷信の極みは案外非常なことを行ないかねないもので、時には人命に及ぶようなこともある。関東でもっぱら迷信の土地として言いはやされる秩父のオオサキ狐のようなものは、そのために家柄を譲るということになったり、縁談に支障をきたすようになったりする。こんな弊害が迷信に伴うものであるとすれば、いかに愚かな人たちの行ないだとして無視するわけにはいかない。現に東京でもお岩様とか穴守様などと言って迷信の中心になっているものがいくらでもある。

それらの起源の多くは邪説によってみだりに祠を造ったことに始まるのだが、その結果がいかに人々の心を惑わすかは、現在これらの祠が繁栄する有様と照らし合わせてもすぐに推測できるわけである。ようするに、これらは学問、理論が足りない人物や科学が進歩していない時代に伴うもので、未開の国に行けば行くほど、そういう迷信的な事実が多く存在している。だから社会に知識が広まり物事が進歩すれば、それらの考えも消えうせて、科学が発達した国民の間にはついに迷信が根絶するだろうとは思うが、日本のような国は残念なことにいまだにそれほど社会が進歩していない。

田舎の人々の間に迷信が広まりつつあるだけでなく、ともすれば世の識者と思われる人々がかえってそれを助長しているようなことが時々あって困る。もし世の先覚者や識者が科学的に十分に明るい頭によって、世の中に迷信はありえない理由をわかりやすく教えたならば、世の人々もおのずと目を覚ますだろうが、時に識者の間に迷信を認めるような態度があれば、世俗に言う「百日の説法屁一つ」に終わらざるをえない。これについて私は、とくに識者が十分に考えてくれるように促すしだいである。

私の信仰観

さて、迷信はこのように弊害があるものとして、道理のある信仰のほうはどうかというと、それはまったく別問題だろうと思う。私は従来、神仏に対して祈祷したり頼んだりするようなことをしたことがない。もちろん、神前を通って敬礼はするが、心を込めて何かを誓ったり願ったりすることはいまだに一度もしていない。

孔子が病気の時、子路は病気が治るように神に祈りたいと申し出たが、「丘が祈ること久し矣《からん》」と言われ、その申し出を認めなかったとのことである。孔子の心としては平生、自分は神に祈っている。この心がけがなくて、病気のときだけ祈ったとしても何になるものかという意味で言われたに違いない。これらのことを思うにつけ、人はこうありたいものだと考える。だから平素、信仰というようなことには誠に冷淡であるが、これが果たして良いことか悪いことかは私もいまだに疑問に思っている。

かの、世に楽翁《らくおう》公と称される松平越中守定信[※②]は、学者ではあったが古風な学究肌の先生がたとは大いにその趣を異にしていて、徳川幕府を引き受けてあれだけのよい政治を行なった人で、学も和漢に通じた大学者でありながら、信仰心もまた非常に強かった。その証拠には楽翁公が老中になった翌年、すなわち天明八年正月二日、公が三十一歳の時、本所の吉祥院に祀《まつ》ってある歓喜天に捧げられた祈誓文と照らし合わせると、明らかにそれとわかる。

この祈誓文は当時誰にも知らせず密封して捧げられたものだが、公が亡くなったあとに発見され、それ以来寺の宝として秘蔵されていたから、世の人々はいまだにそういう事実があったことは知らない。その祈誓文には「国富み、民安んじて穏なる政治ができるようにさせて下さい。もし、そうさせて下さらないなら、私の一命を取って下さい。私の一命ばかりか妻子眷族《けんぞく》も皆殺して下さい。生き長《なが》えて世の中の苦難を見るより、寧《むし》ろ死んだほうが養家へ対しての申し訳であります。この職を十分い尽くし、人民安堵するようには、人力だけでは出来ませぬ。神様のお助けを仰ぐより外はない」というような意味で懇切に書いてある。

楽翁公の人柄から考えてみると、現代で言う通学者のような人だったが、その志の真摯質実な部分にはほとんど常人では匹敵《ひってき》しえない点がある。これはすなわち信仰心の極致であると思う。そうしてみれば、私が信仰に冷淡なのは申し訳ないことかもしれない。

【註】※② 松平越中守定信◆陸奥国白河藩第三代藩主（一七五九〜一八二九）。幼少時代から聡明で、祖父の江戸幕府第八代将軍・徳川吉宗が行なった享保の改革に倣い、寛政の改革により幕府の再建を目指したことで知られる。

疑問のままの信仰

あらためて言うまでもなく、前述のような信仰は迷信とは違うが、そうであればこのようなものは必要だろうか。結局そうだとすれば、私のように孔子教を重んじて一切ほかに依頼心のない者は、精神においてまだ足りないところがあるではないか。しかしながら、一面から見れば、私はそういうことがすでに迷信の一種ではないかと考える。真摯《しんし》で質実な心を持つならば、何も好んで神に祈ったり誓ったりする必要はないように思う。

欧米の学者、宗教家などはどの程度まで信仰心や依頼心を持っているのか、それは研究してみなければわからないけれども、かの聖書に何度も出てくる奇跡のようなものに対しては、どういう考えを抱いているのだろうか。イエスは霊であるから人間とは異なる点が多いかもしれないが、ああいうことは人間界にはありえないものである。

とにかく信仰に対していまだに私は疑問を持っているのだから、こうだと明確な判断を下すことはできないが、迷信に比べるとはるかに完全なものであることだけは認めるのである。したがって、迷信は現代では絶対に捨てなくてはならないものだが、信仰についてしばらく疑問のままにしておいて研究を重ねてみたいと思う。

統一的大宗教

私の安心立命

私自身が安心立命を得られるのは、孔子の教えすなわち仁義道徳を分に応じて踏みしめていくことである。これは本当に私の守り本尊だが、運とか命とかいうような人の知力意外のものによって果報がやってくるということには疑問がある。たとえば智の優れた働きが十分な人でも、それに応じるだけの報酬がない場合もある。また、それに反して智も行動も劣っている人でも案外、立身出世することもある。

このような場合はその人の運と不運によるもので、これは天命と見なければならないが、仁義忠孝の心によって道理に背くことがなければ、この天運をまったく度外視し、心を動かさずに世の中に処することが私の安心立命である。だから、ここに立脚してからは、別に他の方面に向かって宗教的信仰心も起こらず、まったく孔子の教えに安心立命を得てこんにちに至ったのである。

世の中のいわゆる信仰も、その極端なものになると、ともすれば迷信に陥って、あるいは奇跡を唱え、あるいはいかがわしい神や祠《ほこら》を祀るようになるのは一般世俗の風習である。私は年来そのような愚かな方法を直したいと思うが、長いあいだ因襲が受け継がれてきたので、これを矯正することはできない。科学思想が発達して文明が進んだ現代でさえ、なお断食する者もいれば、厳寒の時期に水行を行なう者もたくさんいる。

しかし一面から見れば、これも信仰の一種であるから悪くないかもしれないが、道理を踏み外して極端な方向に走ったり、その弊習《へいしゅう》が続いて社会を誤った方向に進めるようなことがあっては困る。とくに多くの弊害が生じやすい原因は、迷信を利用して愚かな人々を欺く妖しい僧侶や悪い修験者が徘徊することである。これらの悪い習慣を見るにつけ、私は迷信ほど嫌うべきかつ憎むべきものはないと思い、一途に怪力乱神を語らない孔子の教えを守るべきものとして現在まで経過してきたのである。

ドイツ人と語り開発するところあり

それとともに私は宗教一般に対して疑問を抱いた。現在のような宗教が真の信仰を維持するのに十分であるか、君子や賢人もこれによって安心立命を得られるか、と。たとえば現在の儒教、仏教、キリスト教などあらゆる宗教の長所を取って総合した統一的な一大宗教ができないものかと希望して、長い間このことを考えていた。しかしながら、いかにして各宗派を統一してよいのか、それらの点について成案が立ったわけではなかった。幸いそういうものが出現したとすれば、単に愚かな人々の信仰をつなぐのに十分なだけではなく、賢人や君子も同様に尊び崇《あが》めることができるのではないかと、機会を得て哲学者や宗教家と談論したこともあったが、いまだにまとまった意見として世の中に発表するまでには至らなかった。

そして、私がこのことを深く感じることになった動機がある。それは今から二十年あまり前、あるドイツ人と談話したときに私は深く啓発されたので、そのときのことは現在に至るまではっきりと記憶している。ドイツ人が誰であったか、今は名前さえも忘れてしまったが、その人がアメリカに遊学した帰り道、東洋にも遊学して帰ろうと日本に立ち寄った際に会見を求められた。当時は、まだ私が深川福住町の家に住んでいた頃だったが、この会見に同意し、私の友人二、三人と昼食をともにしながらさまざまな談話を交換した。

そうしたところ、そのドイツ人の某氏は別に哲学や宗教を修めた人ではなく、アメリカでは紙漉《かみすき》業の研究をしてきたという工業家であるにもかかわらず、その質問が変わっていたので日本人である私には珍しく感じられ、同時に宗教問題について啓発されるところがあった。次に、そのときの問答の一通りを述べてみよう。

王政維新が容易に断行された理由

某氏がこのように質問した。

「自分は哲学者でも歴史家でもないが、一般的な事柄にわたっては読書したので世の中の道理だけはわかるつもりである。しかし、日本についてあまり深くは知らないが、長い歴史を持ち、また多くの変化を経てきた国柄であるということは承知している。けれども維新以後、政治を欧米諸国に倣って商工業もそれとともに発達しつつある様子は、少し海外諸国とつき合いを始めた国としては進歩の度合いが非常に早いように見受けられる。

私は東京へ来て各種の人々と会見してみたが、それらの人々は皆生き生きしていて、楽しんで仕事している様子は将来に向けて実に頼もしい国であると思う。しかしながら、ひとつの疑問は、自国ドイツの連邦について、あるいは欧州諸国の歴史に照らして想像すると、日本は維新の改革期においてなぜこのように短い騒乱だけで平和になり、その後さして騒乱もなく文明開化が進んできたのか。じつに不可思議である。この理由はそもそも何であろうか。

だいたい世界の通例は、大革命のあとには徐々に争乱が鎮静化して、秩序も回復するものだが、日本はこれとはまったく同じ道をたどってはおらず、維新後一回の戦争つまり西南戦争はあったと聞いたが、それもたちまち平定して世の中は太平となり、人々は一つの方向に向かい、ほとんど争乱があとを引いたようなこともなく、国は富んで軍備も十分で、文化もさかんになったのはなぜか。これは私が聞きたい最初の疑問である」

このような質問に対して私はこう答えた。

「維新後、騒動が少なかったのは国体がそのようにさせたのであり、これは他国と比べることができない点だろう。もともと我が国では、天子を尊び崇めることについては人間以上の存在としてとらえ、長い歴史はすべて天子を中心にしているのである。また国民はその子孫であるから、天子に対しては国民のすべてが何でも犠牲にするという考えを持っている。

維新前、武家が政治を執り行なったのはおよそ七百年だったが、それ以前から藤原氏が我がもの顔に振る舞い、実際の政権は臣下に移り、権勢を一族のほしいままにして世の中に変乱を起こすようになった。それを平定するには武力が必要となるので、その要求に応じて起こったのがすなわち武家である。この武家は当時、藤原氏の政策で二派に分けられ源氏、平氏と称えられたのだが、源氏が台頭すれば平氏に討たせ、平氏が勢力を持てば源氏に命じて治めさせるというふうに、藤原氏はこの武家の臣下を使って互いに抑制させたのである。

こうした間にも権勢はしだいに武家に移っていき、ついに藤原氏は平家の勢力を抑えることができず、一度は権勢が平家に移ったが、次いで源氏が台頭して平家を滅ぼし、自ら幕府[※①]を開いて天下に政治を行なった。武家政治の始まりはじつにここにあると言ってよい。しかしながら、このような間にも天子を尊び崇めることは変わらなかった。

その後、このような現象が永続し、甲が起これば乙が甲を滅ぼして代わり、乙が代われぱさらに丙が乙を倒すというふうに武家の間に政権が変転してきて、徳川氏に至ってはついに三百年の治世を保った。それから維新の変革はこの武家政治を覆して天子の制度つまり昔の天皇制に戻したまでで、言わば逆を順に返したにすぎないわけである。

この国体を知らない外部の人から見れば、あたかも天子の政権が武家のために犯されたように思われるが、一般国民が天子を尊び崇める考えは少しも変わらなかった。また国民は長い武家政治に嫌気がさしており、とくに外国との関係が生じて、一国に二つの主権者があるような事態は許されないから、王政維新はその機運に従って決行されたものである。それに伴う争乱が早く消滅したのも、むしろ当然と言わなければならない。ようするに国体がそのようにさせたのである」と。

【註】※① 幕府◆平安時代末期から鎌倉時代初期の武将・源頼朝（一一四七〜一一九九）が開いた鎌倉幕府。頼朝は平氏を滅ぼし建久三年（一一九二）、初代征夷大将軍に任ぜられた。

人心を維持する教え

某氏はさらに質問した。

「維新の事実はあなたの話ではっきりと知ることができたが、そうであれば、日本国民が心を合わせて天子をたてまつる心を維持するのは、どんな宗教心によるのか。政治上の機運として天子を尊び崇めることはあるだろうが、一般国民が家庭でも社交でも常に忠君愛国の考えを重んじるのは、なんらかの宗教的な信仰によらなければならないはずである。できれば、これに対する解釈をお聞きしたい」

このように切り込んできたので、私は答えて言った。

「それが天子を尊崇する考えに起因することはもちろんだが、一般には神道・儒教・仏教の三つの教えに多くの国民が感化されていると思う。私はその道の学者ではないから王朝時代の教育を詳細に説明することができず残念に思うが、徳川幕府時代に入ってから、孔子の教えすなわち儒教というものがさかんに日本に広まり、武士はもっぱらこれによって身を立て、百姓や町人で武士との付き合いがあるような人は、同様に儒教を自分が生きるための指針とした。そして、その教える内容は孝悌忠信とか仁義道徳というものだった。けれども、この教えは高い位にある者を教育するに留まり、広い社会を教え導いたのはむしろ仏教だった。しかし仏教も一般社会で教えた内容は極めて抽象的なもので、決して詳細に説いたのではない。たとえば寺院に参詣して、地に頭をつけてお辞儀して頼めば幸福がやって来るというふうに浅薄に教えたものだが、これが案外広く人を指導したように見受けられる。また神道は日本の皇祖を尊く崇め奉る教えだが、これも広く一般国民の心に宿っている。

そして、さらにこれらの教えを事実で示して人々を教化したのは芝居や講談などの娯楽だった。これらの作為には必ず勧善懲悪の気持ちが加えられ、神や仏が霊験を示して悪人を滅ぼし善人を栄えさせる気持ちが具体的に示されたが、教育の低い人々には、これがまた少なからず感化する力を持っていたのである。ようするに、孔子の真っ直ぐな教えと、仏教の指導的な教えとによって人心を維持してきたのである」と。

宗教の衰退を心配しないでもよいのか

某氏は三度目の質問をした。

「あなたの説によって、日本には各種の階級に応じた教育の仕方があることがよくわかった。しかし、さらに疑問なのは、そのように人の心に影響を及ぼす儒教は現在さかんに広まりつつあるのだろうか。神道や仏教は政治上あるいは学者の世界で研究されつつあるのだろうか。聞くところでは近頃キリスト教も入ってきて、日本の宗教界は複雑に入り組んでいるらしく、そうしてこれまでの教えはいまや衰退の兆しがあるとのことだが、もし従来の教えが衰退してしまっても、日本人には何も差し障りがないのか。そのときに至れば、何かを必要とするだろうが、旧来の教えに代わるべき何かがほかにあるのか。神道・仏教・儒教の力がしだいに衰退するとすれば、別にこれに代わるものを求めなければ将来の人心をつなぐことができないだろう。それらに対するわかりやすい説明をお願いする」

このように詰め寄られたのだが、私はこの質問に対して明確に返答するだけの考えを持っていなかった。だから、やむをえず、こう答えたのである。

「ここまで来ると、宗教家、道徳家、哲学者などにお願いして最善最良の手段と方法を攻究してもらいたいと思う。しかし自分一人の理想としては神道・仏教・儒教を分けるのではなく、それらを統一した大宗教ができればよいと希望している。言うまでもなく宗教と言われるくらいのものなら、その究極の道理は一つであるから、これらを統一した宗教ができないということもないだろう。そこまで行かなくても道理は決して消滅するものではないから、たとえ神道・仏教・儒教それぞれの教えが衰えたように見えても、この中のいずれかが再興して人心をつなぐようになるだろう」

結局、この質問に対して明解を与えることはできなかった。私はこの頃から各宗教を合同統一した大宗教が出現しないだろうかと願っていたのである。もちろん学者ではないから、これについて人を感動させるだけの意見を述べることはできないので、渋沢は空想論に耽《ふけ》っていると人から非難されるかもしれないが、たとえ私が唱えないまでも、いつかこの案が世の中に実現しないだろうか。

平和論は政治上から行なわれ、言語統一の案も学者の世界によって考えられるようになった。平和も極に達すれば互いに国家を立てて相争うこともなくなり、ついには全世界をあげて一団としなければならない。また言語も人種が違うように異なっているのでは理想的な世界ではない。いつかはあの学者仲間によって研究されつつあるエスペラント語※②も世界共通の言語となる時代が来るかもしれない。

そのように考えれば、いつか宗教も一つになり、誰でも信仰を持てる時代が来ないとも言えない。これは果たして空想だろうか、それとも実際的な道理だろうか。このように言う自分でさえ判断を下すことはできないが、一つの希望として、これをどこまでも考え続けてみたいと思う。

このことに関して私はこのごろ二、三人の友人と語り合ったが、彼らも私の案に大いに賛成と言い、何か工夫できそうなものだと話し合っていた。しかしながら、いまだに確固とした結論を下すことができないが、私の将来の希望として、いつかこの空想に等しい考えが実現しないかと願ってやまない。その暁には、私も初めて宗教的信仰を持つことができるだろう。（明治四十五年二月十三日談）

【註】※② エスペラント語◆ユダヤ系ポーランド人のラザロ・ルドヴィコ・ザメンホフ（一八五九～一九一七）が、世界中の人々が簡易に学べるように考案した補助言語。一八八七年に文法書と単語集が発表されてた。

〔付録〕

道徳経済合一説

当発明協会のご高配によって、私が平生主義としておるところの「道徳経済合一」の説を、これより申し述べようと思います。

仁義道徳と生産殖利とは、元来ともに進むべきものであります。しかるに人生往々利に走って義を忘るるものがありますから、古の聖人は、人を教うるに当たって、この弊を救わんとし、もっぱら仁義道徳を説いて不義の利をいましむるに急であったために、後の学者は、往々これを誤解して、利義相容れざるものとし、ために、「仁をなせば富まず、富めばすなわち仁ならず」、利を得れば義を失い、義によれば利に離るるものと速断し、利用厚生はもって仁をなすの道たることを忘れ、商工百般の取引、合本興業のことがらは、皆信義を基礎とする契約に基づくものなることに思い至らず、その極は、ついに貧しきをもって清しとなし、富をもって汚れたりとなすに至ったのであります。かくのごとき誤解より、学問と実務とが自然に隔離し来ったのみならず、古来学問は位地ある人の修むべきものとなっておったから、封建時代にあっては、学問は、武士以上の消費階級の専有物であって、農工商の生産階級は、文字を知らず、経学を修めず、仁義道徳は彼らにとっては無用のものなりとし、はなはだしきに至っては、有害なものである、とまで想像してったのであります。

私の遵奉する孔夫子の教訓は、決して左様のものでない。論語に、「疏食を食らい、水を飲み、肘を曲げて之を枕とす、楽しみ亦た其の中に在り」とありますが、卒然これを聞くと、なるほど功名富貴のことは、孔子はほとんど意にせぬかのごとくに思われるかもしれませぬが、それは解釈が悪いので、「楽しみ亦た其の中に在り」の句に、深長の意味があるのに気づかぬのであります。聖人はその心仁義におるをもって、簡易質素な生活のうちにも、また大いなる楽しみがある、と解すべきであります。決して、「疏食を食らい、水を飲み、肘を曲げて之を枕とする」を理想的な楽しみとなしたのではないことは、「亦タ」（もまた）の一字でも分かります。

孔子は、義に反した利は、これをいましめておりますが、義に合した利は、これを道徳に適うものとしておることは、富貴をいやしむの言葉は、みな不義の場合に限っておるにみても、明らかであります。「不義にして富み且つ貴きは、我において浮雲のごとし」といい、「富と貴きとはこれ人の欲するところなり、その道を以ってせずしてこれを得れば、おらざるなり」というたのは、決して富貴をいやしんだのではなく、不義にしてこれを得ることをいましめたのであります。また、子路が、聖人を問うた時に、孔子は、「利を見て義を思う」と答え、また、「君子に九思あり」の章にも、「得るを見ては義を思う」といい、子張が、士のことをいうた時に、孔子の言をそのままに、「得るを見て義を思う」というたのをみても、義に適うた利は、君子の行いとして恥ずるところではない、としたのは明らかであります。

聞くところによれば、経済学の祖・英人アダム・スミスは、グラスゴー大学の倫理哲学教授であって、同情主義の倫理学を起こし、次いで有名なる『富国論』を著わして、近世経済学を起こしたということであるが、これいわゆる先聖後聖その揆を一にするものである。利義合一は、東西両洋に通ずる不易の原理であると信じます。また、子貢の問いに、

「もしひろく民に施して、しこうしてよく衆を救うあらば、いかん、仁というべきや、子曰く、何ぞ仁を事とせん、必ずや聖か、堯舜それなおこれを病む」とあります。ゆえに、もしこの仁義道徳が「疎食を食らい、水を飲む」のみであるならば、「ひろく民に施して、しこうしてよく衆を救う」ということは、けしからぬこととといわなければならぬ。しかるに、「何ぞ仁を事とせん、必ずや聖か、堯舜それなおこれを病む」、と答えられて、仁どころではない。それは、聖人もなおなしかねることだ、といわれた。つまり、「広く民に施して、よく衆を救う」というのは、すなわち、今日わが聖天子のなさるることである。少なくとも、王道をもって国を治むる君主の行為である。ゆえに、国を治むる人は、決して生産殖利を閑却することはできない、と私は堅く信じておるのである。

私は、学問も浅く、能力も乏しいから、そのなすこともはなはだ微小であるが、ただ、仁義道徳と生産殖利とはまったく合体するものであるということを確信し、かつ事実においてもこれを証拠立て得られるに思うのであります。が、これは、決して今日になっていうのではありませぬ。第一、自分の祈念が、真正の国家の隆盛を望むならば、国を富ますということを努めなければならぬ。国を富ますには、科学を進めて、商工業の活動によらねばならぬ。商工業によるには、どうしても合本組織が必要である。しこうして合本組織をもって会社を経営するには、完全にして強固なる道理によらなければならぬ。すでに道理によるとすれば、その標準を何に帰するか。これは、孔夫子の遺訓に奉じて、論語によるの外はない。ゆえに、不肖ながら私は、論語をもって事業を経営してみよう。従来、論語を講ずる学者が、仁義道徳と生産殖利とを別物にしたのは、誤謬である。必ず一緒になし得られるものである。こう心に肯定して、数十年間経営しましたが、幸いに大いなる過失はなかった、と思うのであります。

しかるに、世の中がだんだん進歩するにしたがって、社会の事物もますます発展する。ただし、それに伴うて、肝要なる道徳仁義というものが、ともに進歩していくかというと、残念ながら「否」と答えざるを得ぬ。ある場合には、反対に、大いに退歩したことがなきにしもあらずである。これは、果たして国家の慶事であろうか。およそ、国家はその臣民さえ富むなれば、道徳は欠けても、仁義は行なわれずともよい、とはだれもいい得まい、と思う。けだし、その極度に至りては、ついに種々なる蹉跌を惹起するは、知者を俟たずして知るのである。しこうして、その実例は、東西両洋あまりに多くして枚挙する煩にたえぬ。こう考えてみますと、今日、私の論語主義の「道徳経済合一説」も、他日、世の中に普及して、社会をしてここに帰一せしむるようになるであろう、と行末を期待するのであります。

（渋沢史料館ＣＤ「肉声で聞く渋沢栄一の思想と行動」より）

社団法人帝国発明協会が各界名士の声のレコード化を企画し、それに渋沢栄一が応えて、一九二三（大正十二）年六月十三日赤坂霊南坂・日本蓄音機商会にて録音された。渋沢満八十三歳のおりである。

この講演の肉声は、渋沢史料館で聴くことができ、ＣＤも販売されている。

渋沢史料館　東京都北区西ヶ原２－16－１
ＴＥＬ　０３－３９１０－０００５
http://www.shibusawa.or.jp

渋沢栄一略年譜

一八四〇年（天保十一年）　武蔵国榛沢郡血洗島（現在の埼玉県深谷市）に生まれる。父や従兄弟から漢籍を学び、家業の養蚕・農業・藍問屋業に従事。

一八六三年（文久三年）　二十三歳。世の中の不合理に憤り、尊皇攘夷思想に染まって高崎城乗っ取りを計画したが中止し、京都へ出奔した。平岡円四郎の推挙により一橋慶喜の家臣となる。

一八六七年（慶応三年）　二十七歳。徳川昭武に従ってフランスへ出立し、翌年帰国。

一八六九年（明治二年）　二十九歳。静岡藩に商法会所を設立。明治政府民部省租税正、改正掛掛長。

一八七〇年（明治三年）　三十歳。官営富岡製糸場設置主任。大蔵少丞。

一八七一年（明治四年）　三十一歳。大蔵大丞。「立会略側」を発刊し会社設立を奨励。

渋沢栄一略年譜

一八七二年（明治五年）　紙幣頭。三十二歳。大蔵少輔事務取扱。国立銀行条例発布（日本初の近代的銀行制度スタート）

一八七三年（明治六年）　三十三歳。大蔵大輔・井上馨とともに財政改革を建議し退官。第一国立銀行総監役。以後その生涯、様々な分野に亘り約五〇〇社の企業設立と育成に関わる。

一八七六年（明治九年）　三十六歳。東京養育院事務長。以後、生涯約六〇〇に及ぶ社会事業、教育事業に関わる。

一八七八年（明治十一年）　三十八歳。東京商法会議所会頭。

一八八一年（明治十四年）　四十一歳。日本鉄道会社創立。

一八八四年（明治十七年）　四十四歳。東京商業学校校務商議委員。

一八八五年（明治十八年）　四十五歳。東京瓦斯会社創立委員長。日本郵船会社設立。東京養育院院長。

一八八六年（明治十九年）　四十六歳。東京電灯会社設立。「龍門社」創立。

一八八七年（明治二十年）　四十七歳。東京人造肥料、日本土木、東京製綱、京都織物、日本煉瓦製造、帝国ホテル等創立。

一八八七年（明治二十一年）　四十八歳。札幌麦酒会社組織。

一九〇一年（明治三十四年）　六十一歳。日本女子大学校開校・会計監督。

一九〇九年（明治四十二年）　六十九歳。渡米事業団を組織し団長として訪米。前後４回に亘り訪米し、民間外交を主導。

一九一四年（大正三年）　七十四歳。日中実業提携のため訪中。

一九一六年（大正五年）　七十六歳。第一銀行頭取等を辞し、実業界から引退。日米関係委員会常務委員。

一九二四年（大正十三年）　八十四歳。東京女学館館長。日仏会館理事長。

一九二七年（昭和二年）　八十七歳。日米親善人形歓迎会を主催。

一九二八年（昭和三年）　八十八歳。日本女子高等商業学校発起人。

一九二九年（昭和四年）　八十九歳。中央盲人福祉協会会長。

一九三一年（昭和六年）　十一月十一日死去。享年九十一歳

渋沢栄一 徳育《とくいく》と実業《じつぎょう》 錬金《れんきん》に流《なが》されず

2010年9月15日　第一刷発行　　ISBN978-4-336-05312-1

著　者　渋　沢　栄　一
現代語訳・国書刊行会編集部
発行者　佐　藤　今　朝　夫

〒174-0056 東京都板橋区志村1-13-15
発行　株式会社　国　書　刊　行　会
TEL. 03(5970)7421　FAX. 03(5970)7427
http://www.kokusho.co.jp

落丁本・乱丁本はお取替いたします。
印刷　㈱シーフォース
製本　㈾村上製本所

資料　国書刊行会の渋沢栄一関連書籍

渋沢華子著『徳川慶喜最後の寵臣　渋沢栄一　そしてその一族の人々』
渋沢華子著『渋沢栄一、パリ万博へ』
下山三郎著『日々に新たなり　渋沢栄一の生涯』
渋沢栄一著『青淵百話』（渋沢青淵記念財団竜門社解説）
渋沢栄一著『論語と算盤』（渋沢青淵記念財団竜門社編）
渋沢栄一著『渋沢栄一訓言集』（渋沢栄一青淵記念財団竜門社編）
『渋沢栄一事業別年譜』（渋沢青淵記念財団竜門社編）
矢野功作・画『学習まんが　人間　渋沢栄一』（渋沢史料館監修）

——＊——＊——＊——＊——＊——

『渋沢栄一伝記資料』全六十八巻　渋沢栄一伝記資料刊行会
渋沢青淵記念財団竜門社

論語と算盤

渋沢栄一述

◈B6判・並製　二六六頁　一二六〇円

我が国近代化のためにその生涯を捧げた渋沢栄一が晩年、折にふれ語った、処世から人生全般にわたる、滋味溢れる講話を集大成したもの。半世紀を経た今日でも、彼の肉声は私たちの心に強く響いてくる。

＊表示価格は税込み価格です。

渋沢栄一の声が聴こえる　四六判・上製

渋沢栄一　国富論　実業と公益

国家にとって地方は真に元気の根源、富裕の源泉である。二七六頁　一八九〇円

渋沢栄一　立志の作法　成功失敗をいとわず

良いことと思えば…猛然と決行するのが勇である。三〇二頁　一八九〇円

渋沢栄一　先見と行動　時代の風を読む

実業家たるものは大局を達観する眼力を持つべきだ。二九四頁　一八九〇円

＊表示価格は税込み価格です。